內在提問

人生に悩む君に贈る
1行の問いかけ

佐佐木常夫 著
葉廷昭 譯

目錄

第二章 職場上的人際關係出問題時，該怎麼辦？

第三章 面對層出不窮的家庭問題，該如何是好？

第四章 如何做好金錢管理，避免經濟突然出狀況？

第五章 面對不順遂的人際問題，覺得很煩惱？

第六章 對自身現狀和未來充滿疑問，怎麼辦？

後記

推薦序

善用人類獨有的「提問能力」，創造你想要的幸福人生

我們面對的，是一個混沌的年代，新世代青年人生可能遇到的路徑可說是難以預測，黑天鵝跟灰犀牛層出不窮。你不知道會遇到什麼，也不知道會發生什麼。此外，人工智慧的急速發展也讓很多人感到憂心，過去所學所作的專業會不會有朝一日就突然被ＡＩ取代。然而，人類最獨特的，就是那個能思考的靈魂，能發出面對天地的疑問。

會問問題，可以說是人類獨有的能力。動物不會問問題，人工智能也只是憑藉著人類給予的資料、資訊，再透過大量演算法，回答人類已經設定好的問題。所以

只要學會問問題，問出真正核心的關鍵，我們就能處於一個洞見未來的高點。人生也是如此，很多時候，我們遇到的困難挑戰，覺得難以解決，很大部分是因為「我們沒有把問題定義好」。

學會問問題，不再隨波逐流

除此之外，我們的傳統文化，甚至「害怕問問題」這件事情；怕問題被點出來，反而造成麻煩。因此，大多人選擇「從眾」，在生涯上選擇了順從社會期待，決策上總是想著有沒有最好的「標準答案」，然而這個世代是沒有標準答案的。我們每一個人都要學會問問題，進而找到屬於自己的最佳解答。

本書作者佐佐木常夫，擁有東京大學亮麗背景，也進入了日本頂尖的企業，做到主管職位。但他也曾因為家中有自閉症孩子、妻子罹患肝病與憂鬱症，而面臨艱難的挑戰。然而，他仍在工作上突破自我，不只成為了公司的社長，也在許多頂尖大學如大阪大學、神戶大學擔任講席。

這本《內在提問》由佐佐木先生多年來的工作經驗與生活經歷的智慧匯聚而成，讓各位讀者了解，工作、人際、家庭、金錢與未來的人生各大面向，究竟我們可以如何透過提問，思考屬於自己真正想要的幸福人生，從而朝著這個目標往前邁進。

文策智庫執行長、暢銷作家　何則文

在這個變動的時代，唯一能牢牢掌握的只有「自己」

人生經常會面臨兩難的困境，而且你根本不知道正確答案是什麼。尤其，在這個後疫情時代，過往的經驗一概派不上用場，凡事也沒有一個通用的判斷基準。想必各位在職場和私生活中，也有不少難解的疑慮吧？而活在這樣的時代，究竟，我們到底該具備哪些能力呢？

簡單說，你要持續發現問題，並運用思考能力找出答案；同時，也必須了解一個道理，**不見得每一件事都有**「**正確答案**」。面對人生中的煩惱，你要靠自己的頭腦判斷，才能找到適合自己的答案。為此，我認為後疫情時代，最需要的就是「內在思考」的能力。

在這個前途茫茫的混亂年代，正值壯年的各位特別容易遇到難解的煩惱。可能過去待人處事的方法不再管用，努力得來的技能和成果，也沒辦法再帶給你信心了。然而，該思考的問題和該做的事情，仍不斷找上你：上司要求你拿出成果，你還要分心提拔部下；回到家，也得面對各種陌生的問題，好比家庭問題、親子問題、經濟問題等。二十多歲時從沒碰過這些困境，現在也不曉得該如何應付，連自己的應對方法是否妥當，都不知道。應該很多人都有類似的煩惱吧？

其實，我以前正值壯年時，也有以上類似的遭遇。

以「自問自答」尋找人生困境的解方

三十九歲那一年，我在東麗企業當上課長。當時我的妻子罹患肝病，多次住院治療。我一個人得照料生病的妻子和三個小孩，大兒子還有自閉症。因此，我沒辦法留下來加班，每天一到六點就要離開公司。為此，我拼命思考，如何在有限的時間內拿出成果：

「課長到底該做些什麼？」

「我該怎麼做，才能激勵底下的部屬？」

「有沒有什麼辦法，可以讓我和部下準時下班回家？」

「工作這麼忙，我要如何跟孩子溝通交流？」

我克盡一家之主的責任，摸索照料家人的方法，在職場上也拼命做出一番成績；也多虧我努力不懈，後來總算當上公司董事。不料我才當了短短兩年，就被下放到子公司任職。而那陣子，我妻子又剛好憂鬱症惡化，她嘗試了結自己的性命，在鬼門關前走了一遭。

我捫心自問，我很努力了，為何還碰上這樣的麻煩事？究竟哪邊出錯了……？在職場上失勢，妻子又輕生未遂，意外的雙重打擊幾乎把我打垮。

不過，面對重重的困境，我並沒有放棄尋找答案。因為我有「發現問題」和

「找出答案」的能力，所以遇到再大的困境也不會自暴自棄，永遠都能抬頭挺胸向前走。那段期間，我不斷拋出問題逼自己思考、在逆境中尋找答案，總算克服了諸多難關。而有了逢凶化吉的經驗後，我希望更多人養成「自問自答」的內在提問習慣，而這也是我撰寫本書的初衷。

書中提到的「問題」，是要幫各位尋找「自己」的答案。我會提出一些具體的煩惱，提供給大家一個思考的方向。同時，我也會以最真誠的態度開釋各種煩惱。也請各位在閱讀的過程中，設身處地思考一下，也許你會發現自己也有類似的狀況，或是有哪些不一樣的問題。

無論如何，我想用疑問反照你的內心，讓各位養成思考和判斷的能力。如果你能想通這些問題，找到屬於自己的答案，這也是我身為作者最大的喜悅。

二〇二一年六月　佐佐木常夫

第一章

如何處理工作上的迷惘？

你有沒有反省過自己的失誤？

當你三番兩次犯錯或惹麻煩，難免會心慌意亂，甚至產生自我厭惡的情緒，而這又會讓你陷入失敗的惡性循環。

你可能會懷疑自己為何粗心大意，對自己失去信心。但是，遇到這樣的情況時，請先冷靜下來思考，到底犯錯的原因是什麼？例如，是不是你在某個環節，沒有細心確認流程？接下來再進一步思考，自己該在哪個環節多留心，才能避免再次失誤？也就是說，你要反思整件事的前因後果，找出失敗的原因，才能提出具體的改善方案。只要你有確實做到這一點，失敗的機率肯定會下降。

實話告訴各位，我二十多歲的時候也是經常犯錯，動不動就被上司責罵。當時我的上司，是一位很能幹的人，而每次我一犯錯，他就會當眾把我罵得狗血淋頭。雖然我知道自己被罵活該，但實在無法忍受他那樣羞辱我。於是，我開始靜下心來思考，自己犯錯的原因何在？以及，我該如何防止自己犯錯？我絞盡腦汁，總算得出了以下結論：

・我做事太過匆促，準備不夠充足↓失誤的原因是準備不夠充分↓未來開會或做簡報之前，我必須空出更多時間做準備。

・做事忘東忘西，該講的事情也忘記講↓因為我太仰賴自己的記憶力↓之後不管多細微的事情，我都要寫下來反覆查看。

看完之後，各位也許覺得這個結論，沒什麼大不了的，對吧？

事實上，失誤和犯錯往往就是這種細節造成的。因此，防範失誤的具體方法，多半都是一些很基本的工作要領，好比處理事情不要太趕，程序要反覆確認等。簡單說，這些都是一個社會人士該有的基本態度，確實沒什麼大不了。不過，這些基本態度也正是改善缺失的關鍵所在。

「Plan、Do、See」是商場上經常會提到的概念。也就是，先擬定計畫（Plan），執行計畫（Do），最後評鑑結果（See）。萬一結果不如預期，或是發生什麼問題，就要思考原因和對策，當成反面教材警惕自己，下一次擬定計畫時不要犯同樣的錯誤。

在我看來，「Plan、Do、See」是非常基本的工作態度，但實際上認真看待的人並不多。多數人在處理業務時根本沒有動腦，都是想到什麼就做什麼。但問題是，若不擬訂計畫、也不檢討結果，這種雜亂無章的行事作風，其實是在浪費自己的能力和時間。到頭來不僅努力白費，還得忍受各種失敗和挫折。

此外，不是只有處理重大工作，才要遵守「Plan、Do、See」的原則。處理日常業務或生活瑣事，也應該養成這樣的習慣。好比開會前做足準備，提早完成所需資料等。

待你養成這些好習慣，懂得思考如何把事情做到盡善盡美，你就會成功了。因為懂得精益求精的人，每次都會得到不一樣的領悟。

不要害怕問問題

一般人都以為學會各項技能，就能提升工作能力。事實不然，在我看來，思考該如何處理好問題，比學習技能更加重要。換言之，**你要找到自己在工作上的**「**志向**」。找到志向之後，工作起來會格外愉快。不然你一直妄自菲薄，也只是在糟蹋自己進步的機會罷了。

與其有那個時間自怨自艾或怪罪別人，不如好好思考改善方案，並徹底執行。這一點請各位牢記在心。

身為一個社會人士，此外，還有一件事要請各位留意。那就是，有不懂的問題一定要問。當你碰到從來沒處理過的業務，或是調到完全不一樣的工作崗位上時，本來就會有一大堆不懂的事情，這是很正常的。因此，請不要怕丟臉，也不要怕給同事添麻煩，而是要積極請教同事，學習新知。

我四十多歲的時候，也有不少職務異動的經驗。多半是高層命令我去重整子公司，使我一下子就被丟到陌生的環境，根本不懂新崗位的工作內容。

當時我真的進退維谷，也不曉得該先處理哪些業務才好，只好請教別人。但我連該請教誰都不知道，因此我第一個請教的問題是：我有問題該去請教誰？

也多虧有不恥下問的經驗，我對請教這件事情完全不覺得彆扭。而且，還學會戰略性的提問方式，也就是「找到對的人、問對的問題」。問問題時，你要認真告訴對方，你向他請教問題的原因是什麼，這樣對方才會願意答覆你；實際上，所謂的信賴關係也就是這樣培養出來的。

有不懂的事情就問，出錯了就好好反省，這不是什麼困難的事情。有心想做的話，絕對辦得到。

這些小事乍看之下沒什麼了不起，但腳踏實地去做，對你絕對會有很大的幫助。而待養成這種良好的習慣，就一定會有很優異的工作能力，而這種工作能力，是光靠才能無法達到的境界。總的來說，好的習慣比才能更重要。

- 養成反省的習慣。
- 實踐「Plan、Do、See」。
- 不論年紀多大，遇到不懂的事情就要問。

你知不知道工作的訣竅，可以用模仿的嗎？

有沒有想過，為什麼自己的工作速度比別人慢？有的人一小時就做完了，但你來做總要花好幾個小時，甚至要花一兩天時間。因此，是不是認為自己缺乏能力，做事沒有效率？事實上，這是錯誤的認知。

工作本身就是一大堆雜務的聚合體。舉凡寄發郵件、打電話、計算數據、統整資料，這些工作固然重要，但不需要特殊的才能來處理。因此，做起這些事情來曠日費時，也不用妄自菲薄，哀嘆自己沒有能力。不過，如果其他人花一小時就能解決的事情，你卻要花上一兩天，這就有點問題了。首先你的公司會很困擾，相信你也想解決這個問題。那該怎麼解決呢？

首先，重新檢討自己的工作方法。你要站在客觀的角度，仔細分析自己到底是怎麼處理工作的。

某位編輯曾跟我提過他的抱負。他想推出一本賣座的暢銷書，最好是沒人出版過的那種，讓周圍的人刮目相看。可是，不管他付出多少時間和心力，別說推出暢銷書了，就連公司內部的企劃會議都無法過關。上司和同事都說，他想推出的書不可能大賣。後來，總編輯給了他一個建議：「你不要追求完全原創的書籍，去模仿那些暢銷書來做比較好。也就是用模仿的方式，來做你想做的書。」

那位編輯從善如流，參考暢銷作品推出企劃案，果然輕易過關了。現在那一本書也賣了好幾刷，真的變成暢銷佳作。

「模仿的作品竟然大賣？」他一開始心情是很複雜的，但以模仿的方式做自己想做的東西，也確實推出了夢寐以求的暢銷書。

說到這裡，想必各位也明白我想說什麼了對吧？想要順利完成一件工作，不必試著自己創出新的工作方法，而是應該模仿那些已經有成效的手段。也就是：模仿前人成功的經驗，再添加一點自己的巧思就好。

模仿，是一種快速累積經驗的工作方式

我真正使用這一套做事方法，已經是整頓完子公司以後的事了。後來我被調回總公司，回到我以前任職的企劃部門，而當時我第一件工作，就是去整理書庫。書庫中有各種沒整理過的文件資料，例如：經營或開發的會議資料，以及各項事業的分析結果等等。我把那些資料去蕪存菁，將留下來的資料分門別類，做了一份資料清單。

有了這份資料清單，我馬上就能找到「值得效法的範例」。當上司交代工作，我就馬上從資料清單中，找到堪用的處理模式和分析觀點。相信我，這樣處理工作，

絕對比你從頭開始做起要快。畢竟留下來的都是成功的案例，有極高的參考價值。你只要套入最新的數據，再加一點自己的巧思就好，處理起來不用花多少時間。

不瞞各位，我以前就都是傻傻地從頭做起，這也害我走了很多冤枉路。直到我被調去整頓子公司，我才領悟到這個道理：想要盡快處理好繁重的業務，模仿別人是最好的方法。當然，我不是說完全模仿別人是好事，自己動腦想出點子也很重要。不過，閉門造車總是有其極限，你很可能浪費一大堆時間，卻得不到良好的成果。所以，**模仿前人成功的經驗，遠比低水準的創新更高明**。這才是順利完成工作的訣竅。當上司交辦工作給你時，請你要想起這句話。

另外，記錄自己想出來的點子，還有以前處理過的業務，也算是寶貴的「範例」，而且還不算是抄襲。

我從年輕開始就有做筆記的習慣，好比業務上的重要數據，或是工作上的失敗經驗，以及在書上看到的格言等。我會反覆閱讀那些筆記，加深自己的印象。長此以往，有需要時我就能馬上想起來，這對我處理工作有莫大的幫助。事實上，有時候這對你正在處理的工作也大有益處。比方說，你可能以前也有處理過一模一樣的業務，可以直接拿來參考。另外，參考以前的經驗，也能避免重蹈覆轍。

你自己做的紀錄，很適合拿來當範例或反面教材，假以時日對你一定有幫助。

此外，我建議這種紀錄用手寫比較好。我以前有用手機或電腦打字，但自己動手寫印象會特別深刻。大概是因為在書寫的過程中，會先在腦海裡想過一遍的緣故吧！

- 凡事不需要講究原創。
- 先模仿別人成功的經驗，再加入一點自己的巧思。
- 動手寫下工作上的紀錄，有助提升工作效率。

你有熱衷、享受工作的心態嗎？

在職場上應該很常聽到這兩句話：「營業額太低了！」、「給我想出更好的點子！」

每天都被壓力榨乾，工作一點也不有趣。別說有不有趣了，相信大部分的人都覺得工作很痛苦。不過，享受工作是很重要的心態。如果不懂得享受工作的樂趣，這份工作也就無法持久做下去。那麼，該如何享受工作的樂趣呢？

告訴各位一個好方法，你要把工作當成遊戲。

以前我當課長時，每到財報要出爐的季節，就會召集部下發表談話：「請看看你們每一個單位的營業額和利潤，預測明年的經營狀況，並思考推論的依據。一年後再來看預測是否準確，同時反省自己的推論是否正確。」

一年後，預測和推論正確的單位，會獲得獎勵。至於推論正確，但沒有好業績的單位，就拿次一級的獎勵；而業績最差的單位，我會請他們好好反省，鼓勵他們再接再厲。

久而久之，每一個單位的未來預測都越來越精準，就連一開始辦不到的單位，也能掌握這項能力。而且自己的預測實現了，有種振奮人心的作用，為此，每個單位都會積極思考改革方案，提出預算切實執行目標。

各位覺得怎麼樣？即便只是在編排預算，用這種方法感覺就像在玩遊戲一樣，還蠻有趣的對吧？

提升營業額和想出好點子，其實都不是一件容易的事。你必須耗費很多心力，例如：分析大量的資料，打聽別人的作法等。而正經八百地做這些枯燥的事情，很快就會感到厭倦了。所以，你要將玩樂的心態，融入工作中。記得，其實從商就是一種預測未來的遊戲。

以一種賭馬的遊戲心態，面對工作上的人際壓力

此外，除了編排預算以外，還有很多事情可以拿來預測。例如：人際關係。當你跟客戶或公司其他單位的人交換名片時，請把你對他們的第一印象寫在名片上。好比對方為人溫和、神經質、愛講話等，總之把你感覺到的特質，直接記錄下來。

第二次碰面的時候，你可能會發現對方的印象變了；或者你聽到其他同事的看法，察覺到對方不同的一面。這時，也要持續記錄下來，以修正你的第一印象。例如，你以為對方是個溫和的人，其實他有意外暴躁的一面；而神經質的人，說不定很懂得照顧別人。

勤作紀錄，可以多方面累積對方的訊息，而有了足夠的訊息，就能推敲出相處的訣竅，便能投其所好，用適當的方法激發對方的幹勁。推敲出正確的方法，順利

完成工作，那是再好不過了；萬一方法錯了，那就修正你的看法再接再厲。如此，即便是日後才發現自己的方法正確，也會有種獲勝的感覺。

另外，我建議跟陌生對象碰面時，不妨先預設他們的為人，這也是找到好方法的訣竅。若不敢果斷預測對方的為人，你的第一印象就不夠鮮明，進而使得預測也容易失準。另外，也請不要用個人好惡評判第一印象，這樣無法獲得正確的資訊。必須放下個人好惡，冷靜地觀察對方；用「直覺」來預設對方的為人，之後再回過頭來檢討，修正其印象。只要持續做到這一點，才能贏下這場預測的遊戲。

這種做法，或許玩樂性質重了一點，但我三、四十歲的時候，每到董事會改選的時期，都會預測下一屆的高層人選。

感覺有點像在賭馬吧！總之我蒐集入圍人選的個資，預測他們會擔任什麼樣的職缺。例如誰比較有機會上位，誰可能當上副社長等等。

我知道這有自賣自誇之嫌，不過這一套預測法確實挺準的，有時候命中率甚至高達百分之百。也有人抱著好玩的心態，跑來問我下一屆改選的明牌。而我的命中率之所以奇高無比，主要是我玩起來很開心，所以特別用心觀察那些高層。畢竟，預測人事安排不是一件容易的事。

得不到高層的青睞，工作能力再強也不見得能往上爬。相對地，有些人工作評價普通，但為人頗受景仰，而被提拔為高階幹部。換言之，就算一個人各方面都很完美，時機不對也得不到晉升的機會。

當你看穿這些複雜的要素，準確預測誰能上位、誰不能上位，那種喜悅是難以言喻的。此外，從中也會深切體認到，人事安排是一門深奧的學問。

對了，這一套「預測遊戲」也可以用來應付你處不來的上司。我以前就有嘗試過。比方說，我遇到合不來的上司，會先放下我的個人好惡，用我剛才提到的方式蒐集對方的資料，再根據資料做出合適的應對進退。當我準確預測對方的為人，對方也做出我預期中的反應，我就會在內心歡呼，稱讚自己眼光獨到。

為此，當你遇到麻煩的人際關係時，先不要急著煩惱。用玩遊戲的心態去面對合不來的人，你就不會有太大的壓力了。

- 把工作當成遊戲。
- 先預設對方為人，再逐步進行修正。
- 遇到合不來的對象，就當作是在玩一場「預測遊戲」就好。

面對新的業務工作，內心忐忑不安

你有沒有掌握實情，以利工作進展？

上司交辦新的重要業務給你，這本身是一件值得高興的事。這代表上司給你成長的機會，你應該努力拿出成果，而不是只顧慮眼前的不安。當然，我可以理解你不安的心情：一想到上司對你寄予厚望，除了滿心歡喜外，沉重的責任多少也讓你望而生畏吧？

不過，上司會交代給你，顯然是對你的能力有信心。因此，也不用過度緊張，保持平常心看待就沒問題了。然而，陷阱往往就隱藏在「平常心」當中。

什麼陷阱呢？**答案就是「自作聰明」**。

比方說，上司要求你在期限之前，完成他前陣子交辦給你的案子。這時，你不見得會確認上司提的是哪件案子，而且你大概以為期限是月底，只要在月底前完成準備工作就好。可是，期限說不定根本不是月底，而是二十號左右。再者，上司提到的案子，搞不好不是你想的那一件案子。如果你搞錯了上司的意思，就無法在期限內完成工作，甚至有可能做錯案子。若連這點基本的小事都辦不好，自然會失去上司的信賴。

當然，你也可以怪上司交代不清楚，但上司交代不清楚，這在職場上是常有的事情。即便內心怪罪上司，但仍改變不了你出包的事實。

因此，要避免類似的情況發生，請務必事先確認上司講的是哪一件案子，順便確認具體的日期。也就是說，確認事實和掌握現況，這兩者是不可或缺的辦事態度。

我年輕時也常犯這樣的錯誤。上司交代工作給我，我就犯了這種自作聰明的毛病。一直到我完成報告交出去，才知道自己搞錯上司的意思，整份報告又得從頭做起。後來我學乖了，接到上司交辦的工作一定會請示具體內容，待確定了才動工。例如，上司要我影印報章雜誌中的某篇報導，我會先確認是不是跟產品有關的報導，之後再確認是幾月幾號的報導。

有的讀者可能會想，整天問這些雞毛蒜皮的小事，肯定會被上司嫌棄。問題是，與其做錯被罵，還要從頭再做一遍，不如事先問清楚，不要怕上司嫌棄。

不畏人言，親自確認事情的真相

說到底，當我們有了足夠的工作經驗以後，很容易產生一些既定觀念，以為工作就應該按照我們的方式處理。而越資深的人，越容易掉入這種陷阱裡。因此，要特別留意自己有沒有「自作聰明」的毛病，務必好好確認實際的情況，保持謹慎的工作態度，才能徹底發揮工作能力。

另外「確認情況」不是做一次就夠了，而是在處理工作的過程中，都要反覆確認才行。請不要嫌麻煩，建議當工作處理到一個階段時，就先去跟上司或相關人士確認一下比較好。因為，就算你已經確認過工作內容了，但可能在處理工作時，仍會不小心搞錯方向。因此，**勤於確認現況，也等於是在跟上司報告你的工作進度**。這麼做能避免雙方的認知落差或走冤枉路，做起事來也會更有效率。

實際上，「掌握實情」有時候比你想得更加麻煩。因為你認定的事實，可能只是事實的其中一個層面罷了。舉例來說，上司A提供你處理工作的建議，結果另一個上司跑來，完全推翻了上司A提供的建議。這下你很難判斷，到底誰講的才是正確的，對吧？

通常這種情況混淆了一些不夠客觀的事實，也許上司A說的是他期望的事實，上司B說的也可能只是他個人的成見。為此，平常就要多多觀察旁人的性格和思考方式，才不會被截然不同的意見耍得團團轉。你要冷靜聆聽對方說的話，探究他講話的根據是什麼。

若能親自去確認兩種方法的成效，那是再好不過了，但你不可能凡事都去確認一遍，這種做事方法並不實際。

別人告訴你的話可不可信？情資可不可靠？你要有辨別的能力才行。除了確認工作上的問題，也要有能力看穿對方是不是在講真話。

事實上，企業的經營者才是最該「掌握實情」的人。掌握實際的狀況，是企業經營者最不可或缺的能力。此外，企業經營者必須提供部下正確可信的情資，進而培養部下的辦事能力，這亦是領導者最重要的使命之一。

- 工作經驗豐富，也要確認自己是否有自作聰明的問題。
- 確認工作不是只做一次就好，要多次進行確認，亦可作為一種向上司報告工作進度的方式。
- 平日多觀察旁人的言行舉止，才能看出確切可信的事實，有助工作上的判斷。

凡事求快，真的有比較好？

工作，當然是盡快完成比較好，這樣就不用留下來加班，還能善用多出來的時間。拖拖拉拉百害而無一利，這的確不假。不過，凡事都馬上處理，不見得是一件好事；正確來說，遇到事情時不該馬上處理、馬上行動。因為這種凡事求快的態度，反而會害你走很多冤枉路。工作不但不會更快完成，還會花上很多不必要的時間。比方說，你必須做資料傳送給同事，如果你一心求快，十有八九會出紕漏。

相信各位也有這樣的經驗吧？為了盡快完成報告，結果不小心忘東忘西，或是加了一些多餘的資料，最後還要全部重做一遍。因此，在動手之前，應該先動腦好好想一想，才不會犯下這種錯誤。此外，實際著手開始進行之後，也要停下來檢查一下，看有沒有缺漏或需要補充的地方。

總之，**想清楚再動手，比你「馬上」動手還要省時省力，工作效率也會更好**。

此外，前面也有提到，模仿前人成功的經驗，遠比低水準的創新更高明；同樣的道理，也適用在這個情境上。在此，你應該先思考一下，有沒有值得仿效的範例，再參考範例處理你碰到的問題，而不是在毫無概念的情況下動手。即便要花點時間動腦，也絕對比你從頭摸索要來得省事，工作也能更快完成。請務必請養成這樣的做事習慣。

三思而後行，比你想像中的更重要

我是在家人出事以後，才開始認真追求效率。

那時，妻子病倒了，我必須準時下班回家照顧三個孩子，把大大小小的家事做好。由於我無法長時間勞動，只好想方設法提升工作效率。我試著用各種有效率的方法，完成工作，以求準時下班回家。到頭來，我率領的單位幾乎沒人加班，過去每個月加班一百小時的部下，也都準時回家了。

不過，還真的有人想留下來加班。我告訴他們可以回家了，他們反而說還想多留一會兒，有的人甚至跟我說他在做非常重要的資料。我身為主管不該叫他早點走，所以我主動過去關心，想看看他到底在做什麼重要的資料。可是在我看來，他做的根本是不必要的報表，不做也沒什麼大礙。於是，我勸他早點回家，不要浪費心力做那一份用不到的資料。但他不肯聽我的，還說那一份資料以後一定用得到。

沒辦法，我只好叫他回家去做那一份報告，因為他做的是公司不需要的東西，不能請領加班費。員工做上司沒交代的事情，那已經不算工作，而是個人興趣了。到頭來，他才心不甘情不願地離開公司。在我看來，這種工作方式最要不得了。熱衷於工作固然是一件好事，有時我們的確需要加班，但更應該分清楚，什麼才是真正該做的事情。

然而，他會養成這樣的做事態度，這要怪前一任的課長。前一任課長很喜歡弄一些繁瑣的資料，還會花好幾個小時加班弄那些東西。相信各位的職場上，也有那種人，但其實這並不值得稱讚。請各位多多留意，千萬不要成為那樣的人。

此外，「先想好再行動」有一個重要的前提。那就是先確認工作期限，搞清楚何時要完成；先弄清楚期限，再來推算每一個階段該做些什麼，才能做好必要的準備工作。

各位現在處理工作的方式，是不是都先做再說，沒有思考期限這一類的問題？相信我，用這種方式工作，一定會浪費多餘的時間和心力，去做一些不必要的作業。結果重要的事情反而沒做好，最後時間用完，也交不出好的工作成果。

有的讀者可能會想，大不了留下來加班，或是把工作帶回家處理，盡可能做到盡善盡美不就得了？錯，這種想法大錯特錯。你只是延長作業的時間，做不出什麼好東西來。你應該遵守期限，保持嚴肅的心態，傾全力完成你的工作，這才拿得出好的成果。

另外，**想要有效率地完成工作，關鍵在於不要事必躬親**。遇到問題不妨去請教專家，或是乾脆外包；有時候外包的成本和效益，遠比你自己處理要來得好。

總之，不必親自做的事情就省下來，把心力花在真正重要的事情上，以及動手之前，用戰略思考方式擬訂計畫非常重要。

- 動手開始做之前，先仔細思考。
- 確認自己有沒有做一些不必要的事情。
- 確認工作期限，想一想有哪些瑣事不必親自處理。

你有沒有雅量，接受不盡人意的安排？

接到人事異動的命令已經很不安了，若又被調到自己不想去的單位，根本就提不起幹勁做事，對吧？身為一個上班族，經歷人事異動是很正常的。但即便明白這個道理，實際接到人事異動的命令時，還是一定會往壞的方面去想：擔心是不是自己能力不好，或是被上司冷落等。

實不相瞞，我以前也有類似的經驗。

過去我在公司一向負責企劃和管理的工作。有一次上司找我談話，對我下達人事異動的命令，那時候我已經四十多歲了。在那個年代，從企劃管理部門被調到業務部門，簡單說就是被下放了。看前人的案例，幾乎都是能力差的人才會被下放。所以一想到自己被下放，我也蠻失落的。

雖然上司的說法是，我只做過企劃工作，最好學一些業務經驗。不過，我只當他在說場面話，被調到不想去的單位，我還是耿耿於懷。

不過，整天煩惱也無法撤銷人事命令。反正船到橋頭自然直，我也做好從頭學起的心理準備，認真處理業務工作。而兩年過後，我又接到了一個新的人事命令。沒想到，我又被調回企劃單位了。沒錯，上司把我調去業務單位並不是下放，而是真的要我去學習業務技能，累積相關的經驗。

事實上，讓部下去其他單位學習新的業務和經驗，並不罕見。有時，上司會秉持著適材適用的精神，把部下調去更合適的單位一展所長。所以被調去不喜歡的單位，或許，也不用急著太失落。而是應該要相信人事異動的命令，能促進你的成長。順帶一提，兩年後我又被調去其他單位了。

不恥下問，才能真正增進實力

過去我在東麗服務，那是一家專門生產化學纖維等材料的公司。主要包括聚酯、尼龍、丙烯酸纖維。此外，還有生產塑料等合成樹脂，以及涉足環境和醫療等新事業。

我長年來處理的都是纖維的工作，被調去業務單位也是如此。然而，這一次的人事異動幅度遠比上一次還要大，我被調去塑料單位，和纖維無關。那是我從沒接觸過的領域。

一開始，我也非常困惑。畢竟我一直在處理纖維的相關工作，根本沒有塑料的知識。同事們平常使用的術語，我也聽不懂。產品名稱我也不太清楚，連和他們討論公事都有困難。於是，我只好從頭學習專業術語和化學公式。我做了一些單字卡，利用搭電車的時間反覆背誦，將那些術語記在腦海裡。

都中年人了還像個學生一樣惡補，或許不太體面。但到了新的單位任職，確實需要努力做好基本功。因此，請不要心生排斥，或是覺得慢慢學就好。去找專業書籍來看，該下的苦功不要省。這樣大家才會認同你的努力。

此外，剛才我也提過，向旁人請教是很重要的事。我被調去塑料單位擔任部長，遇到不懂的問題也是不恥下問。不管對方是部下，還是年紀比我輕，我都會心懷敬意，誠心請教他們。所幸，大家都很樂意教導我，一開始我真的什麼都不懂，動不動就向他們請教問題，每個人也都和顏悅色，大概是我以禮相待的方法奏效了吧！

順帶一提，那個單位的次長是我的同梯，即便如此，我跟他說話同樣畢恭畢敬，也沒有直呼他的姓名。平常我們閒聊不會特別拘束，但我在請教工作上的問題時，一定心懷敬意。換言之，到新單位學習除了要下苦功以外，向其他人請教時，也要保持謙遜有禮的態度。

有的人可能會問，到新單位不是應該刷一下自己的存在感，盡可能表現出一副無所不知的態度？的確，有的人怕被看不起，到了新環境會刻意表現妄自尊大的態度。遇到不懂的問題，也會裝出了然於胸的模樣。可是，我建議各位不要這麼做比較好。虛張聲勢被別人抓包，面子照樣掛不住，況且一到新環境就給人下馬威，只會引來不快罷了。

當然，彰顯存在感仍很重要，你不妨做一些引人注意的事，或是講點有趣的話。剛到一個新的單位，不代表你就要低著腦袋走路、夾著尾巴做人。不過，這不該是你行事作風的主體。因為若缺乏謙遜有禮的做人態度，即使裝出不可一世的樣子，也是沒用的。

- 被調去不喜歡的單位，其實可以訓練你的能力。
- 在新單位工作，「努力」和「謙遜」才是最好的武器。
- 為人謙和有禮，才會有真正的存在感。

你能不能把對方的利益，當成是自身利益看待？

「做好本務賺取利潤，並思考增進利潤的方法。」這是每一位勞工應盡的義務。雖然服務世人、回饋社會固然重要，但沒有獲利，經營不了任何事業。因此，你要優先考量自身的利益，獲得比別人更多的利益，才有辦法成功經營事業。

道德是很重要沒錯，可是也不能滿口空話；這就是工作的現實。但問題是，**追求自身利益不該獨善其身**。如果你只顧追求自己的利益，不顧旁人死活，那你就錯了。不管在什麼情況下，你都該設身處地為對方著想。換言之，你該做的是互利互惠，或者不讓對方吃虧。從結果來看，這才是追求利益最好的方法。

我過去在業務部門任職時，發生過這樣一件事情。

當時，販賣漁網和釣線的水產資材課，每個月要到外地出差一、兩次，每次逗留三天兩夜才會回來。不過根據調查，那些工作根本用不了這麼多時間和金錢。後來，我取消出差行程，規定部下每個禮拜要在特定的日子，打電話給客戶。結果，新方法替公司和客戶節省了不必要的開銷；此外，我不但省下了出差費用，部下也有多餘的時間處理其他業務。況且，把每個月出差一次改成每個禮拜電話連絡，我們和客戶的交流增加，工作處理起來也更加順遂。客戶說，這一套方法也增進了他們的業務效率。

簡而言之，我是用「互利互惠」的思考方法，進而建立了更可靠的信賴關係。

當初結交的客戶，偶爾會跟我提起往事，緬懷那一段密切溝通的歡樂時光。溝通減少了人力和成本的支出，也深化了彼此的關係，顯然溝通在工作上至關重要。

現在疫情肆虐，各大企業出差的行程也大幅減少，反倒是線上交流增加了。從成本面和溝通面來看，這是很不錯的改變。此外，線上開會還有資料共享的功能，跟面對面詳談幾乎沒分別，你很難再找到比這更加方便的溝通手段了。

不過，某些情況必須見面詳談才行。好比我方犯錯，不小心給對方添麻煩或造成損失的情況下，這種時候要盡快行動，當面跟對方道歉，而不是打電話或傳電子郵件。不要以為吃虧的不是你，就可以得過且過，更不要心存僥倖，以為打一通電話道歉就沒事了。

有些人害怕吃虧或危及自己的地位，死也不肯乖乖道歉，這是最愚蠢的作法。死不道歉只會失去信用，到頭來反而吃大虧。

實話告訴各位，我也曾經犯下重大的過錯，差點害客戶蒙受嚴重的損失。

追求互惠互利，才是真正的利潤

誠如前述，我們公司有販賣生產漁網用的原料。有一次，我們出貨的原料並不符合客戶指定的素材強度，而且直到客戶開始製作成品，我們才發現這件事。

我馬上趕往現場送交新的原料，同時用時價購買客戶已經製作出來的商品。當然，公司吃了大虧，但我們犯了不該犯的錯誤，吃虧是理所當然的。這時候你應該徹底為對方著想，不能只顧自己的利益。

做錯事就低頭道歉，盡可能彌補對方的虧損。利益的確很重要，但這種情況下該重視的是「道德」。

另外，這個故事還有後話。畢竟是我們有錯在先，我原以為對方老闆一定會很生氣。不管對方怎麼罵我，我也做好低頭道歉的覺悟了。

不料，對方老闆非但沒有生氣，還對我說這麼一段話：「一般的業務負責人，遇到這種事只想蒙混過關。反正原料差不了多少，他們也不認為有什麼大不了。然後推諉卸責，也不肯承認自己造成的損害，連一句最基本的抱歉也沒有。可是你不一樣，馬上承認疏失，還跑來跟我們道歉，盡可能彌補我們的損失。過去從來沒有一家公司如此負責，因此我以後還想跟你們做生意。」

本來我也做好失去這個客戶的心理準備了。沒想到，對方老闆取消給其他公司的訂單，轉而跟我們購買更多原料。也多虧那位老闆的青睞，公司多賺了一筆利潤。不讓對方吃虧的貼心舉動，到頭來幫到了我自己。因此，各位千萬不要只顧自己的利益。你要追求互利互惠，工作才會順遂。

- 互利互惠，是增加利潤最好的方法。
- 犯了錯就老實道歉，誠心替對方著想。
- 這一份道德感會為你帶來「好處」和「利潤」。

第二章

職場上的人際關係出問題時，該怎麼辦？

你有沒有表現出尊重上司的實際行動？

你是不是跟上司合不來呢？

人與人相處講究契合度，難免會有一些好惡；會有溝通不順的狀況發生，也是很自然的事情。不過，跟上司相處最好還是以和為貴，為此應該要盡最大的努力，打好彼此的關係才行。因為工作順不順遂，幾乎取決於你跟上司的關係。因此，若相處有問題就要改善，雙方的關係才不至於惡化。

首先，不要試圖改變你的上司，而是先思考上司希望你做到什麼？你認為上司對你的要求是什麼？是要你妥善完成工作？還是希望你乖乖聽話？事實上，上司真正要的，是部下「敬重自己」，也就是得到部下的尊重和認同。

我知道，有些人實在無法敬重上司；若做得到，也就不用為此煩惱了。但請別誤會，**我不是要你真心敬重上司，而是用行動表達你有基本的敬意就行了**。請先試著思考一下，該如何做到這一點。

其實，我以前也有處不來的上司。嚴格來講，我是比較大而化之的性格，偏偏那個上司特別龜毛。他遇到自己不懂的事情會非常緊張，對其他人也有強烈的忌妒心。所以，一開始我經常跟他發生衝突，他動不動就唸我，有時候我會忍不住回嘴。問題是，就算他嘴巴再毒、個性再差，依舊是我的上司。若得不到他的青睞，工作也不可能處理得好。為此，我痛定思痛，思考該如何取悅上司，讓他感受到我的尊重。最終，我得出「定期去請教上司意見」的解方。

我會先確認上司的工作行程，在他有空的時候預約見面時間。然後告訴他，我打算推動某個企劃，因此想要徵詢一下他的意見。去請教他的時候，我會把要商量的事情歸納在一張Ａ４紙上，而不是只用口頭報告。我盡量歸納的簡單易懂，不占用他的時間。久而久之，那個上司就沒再找我麻煩了。

一開始我去找上司商量問題，他只覺得我很煩。後來他終於明白，我有事情一定會據實以告，絕不會瞞著他。換言之，我成功贏得上司的信賴，他對我也不再有敵意。也就是說，定期去請教對方問題，等於是用行動證明你對上司的敬重，可以改善彼此的關係。**改變你的應對方式，對方也會改變他的態度**。稍微改一下你的言行舉止，上司就願意聽你說話了。反之，與其整天抱怨上司聽不懂人話，不如思考該怎麼循循善誘，還比較有建設性。

當然，你不用勉強自己真心喜歡對方。像我也不喜歡那個上司，只是表面上敬重他，說穿了就是工作上的義務罷了。後來那個上司調去其他單位，我還額手稱慶呢！

然而，那個上司調到新單位後，竟然還找我去當他的副手。之後他再次調任，也同樣找我去幫忙。老實講，他這麼看得起我，我很高興，但走到哪裡都要跟他在一起，其實蠻累的。話雖如此，最後他當上副社長，也有提拔我上位。我自認跟對方處不來，結果反而是他提拔我，真的是世事難料啊！

職場上只有合作關係，沒有敵對關係

此外，前面我也提過，設身處地替對方著想是一種很重要的工作態度。如果你想辦好一件工作，有時要把對方的利益，看得比自己的利益更重要。不管對方是什麼樣的人，就算跟你合不來，也要站在對方的立場，思考對方到底需要哪些幫助。

全球知名暢銷書《與成功有約：高效能人士的七個習慣》（*The 7 Habits of Highly Effective People*），作者史蒂芬．柯維（Stephen R. Covey）提到的第五大成功習慣，就是先試著了解對方，而不是要求對方了解自己。換句話說，工作講究的是「互利互惠」。對別人有利的事情，其實也對我們有利。

另外，不要把合不來的上司當成「敵人」，這是保持和氣的一大訣竅。你要把對方當成一起工作的夥伴，而不是帶給你麻煩的傢伙。換個角度想，就把上司當成比較合不來的親戚，再怎麼討厭好歹也是自己人，這樣你對他的看法就會不一樣了。當然，遇到那種會職權騷擾的上司，就另當別論了。如果只是單純合不來，就不要太排斥對方，說不定那個上司日後會幫助你。

- 用行動表達對上司的敬重。
- 定期去請教對方問題。
- 先試著理解上司，不要強求上司理解你。

特立獨行的人，難道就沒有值得學習的地方？

各位有沒有聽過「Diversity」？Diversity的中文意思是「多元」，也就是認同性別、人種、國籍、宗教、價值觀的各種差異，在社會或企業經營中善用每個人不同的特性。

而在日本，所謂的「多元」通常是指雇用身障者或女性，以及重新雇用退休人士，縮短勤務時間這一類的事情。實際上，多元是更加生活化的東西。例如，你身旁肯定會有一些合不來的對象。而認同彼此的差異，一起在工作上做出一番成果，這也是一種多元的展現。

換言之，你之所以討厭合不來的同事，主要就是你沒辦法接受多元的思考方式，不願意接受跟自己價值觀殊異的對象，所以才會覺得苦惱。但想當然，職場上一定有形形色色的人。有些人跟你很合，有些人則否。既然對方讓你叫苦連天，或許，代表你們是真的完全合不來。

然而，同事之間最好還是以和為貴。不過，你們個性不合、做事方法不合，若我請你多看對方好的一面，你大概也會覺得是雞蛋裡挑骨頭，很困難吧？

多元的概念再怎麼重要，一般人也未必能理解或實踐。這才是讀者普遍的心聲吧？可是，很遺憾的除了接納對方以外，其實也別無他法。

改變自己的觀念，找到對方的優點確實很重要，但合不合得來多半跟天性有關，我們很難改變與生俱來的天性。為此請這樣想：對方生長的環境跟我們截然不同，彼此生活的世界不同，合不來也是很正常的事情。你要接受這一點，用寬容的心態來看待對方。

總而言之，遇到合不來的人，請先試著保持寬容的心態。但這種說法似乎有點抽象，各位聽不太懂，對吧？

那麼，我們用更簡單的方式，換個方向思考一下。

廣納百川，接受多元性

人啊，難免有缺點，所以原諒他吧！但我這麼說，也不是說你要用高高在上的態度來接待對方。而是：每個人都有自己的習性，犯錯在所難免，這些是無可奈何的事情。所以，你應該要有包容對方的雅量。

無法包容和接納異己，這代表你的心胸狹窄；更由於缺乏想像力和思考能力，不能理解自己和其他人的差異。

如果你只了解跟你同類型的人，吃虧的終究是你自己。而**限制自己的想像力和思考能力，其實就是限制你在工作上的可能性，這對你絕不是一件好事**。換句話說，克服你心中的藩籬，當一個有雅量的人，也是為你自己著想。

相信大家都知道，工作講究宏觀的視野和靈活的思考方式。而這句話的意思是，你要打開心靈的翅膀，從更加超然的角度俯瞰全局。也就是說，不要拘泥某一個立場，而是要站在更高、更寬宏的角度，觀察組織和所有人。只要能做到這一點，你的工作和人際關係都不會出問題。

最後，請各位再多做一件事情，來克服心中的藩籬：對合不來的同事，也要心懷敬意。

有些人可能會想，我們就已經合不來了，連要找出對方的優點都有困難，你還叫我心懷敬意？這是不強人所難嗎？的確，會這樣想是正常的；要敬重自己合不來的對象，不是件容易的事情。

可是，不願意敬重對方，也代表你自覺高人一等、不把他人放在眼裡。或許你心中就有這種傲慢的分別心，只是連你自己也沒發現而已。

知名心理學家阿德勒曾說，用上下關係來待人接物者，其人際關係肯定充滿挫折。待人接物要保持對等，才能建立良好的人際關係。

有時，你跟對方處不好，說不定就是太執著於上下關係所致。因為沒把對方放在眼裡，所以無法表示敬意。因此，請重新反省自己待人接物的心態，重新看待彼此的關係，不要執著於上下關係，而是要平等對待他人。事實上，要建立良好的人際關係，跟你的年紀或經驗無關，重點是你要尊重其他人。養成尊重他人的習慣，也就不會有合不來的對象了。

- 做人要兼容並蓄，認同跟你合不來的人。
- 從更宏觀的角度，來看待所有事情。
- 養成尊重他人的好習慣。

你有仔細思考過，自己在職場上的抱負嗎？

不曉得要做什麼的時候，該怎麼辦才好？答案很簡單，之前也說過了，就是：去問別人就行了。當然，一開始要自己動腦。要先思考自己的能力和優缺點。接著，回顧過去工作的方式，想一想身為領導者可以做些什麼，或是發揮哪些能力？換言之，要先深入了解自己。

如果以上思考都做到了，但還是不清楚自己該做什麼，那就再去請教別人。例如：請教你的親朋好友，或是已經當過領導者的前輩和同事。不妨問問他們，當領導者該做些什麼才好？

有些事情旁人看得比較透徹，甚至比你更了解你自己。當然，你也可以去問親戚或家人。不是只有職場上才有優秀的領導者，有合適的人選就盡量去問。然而，你不該用消極的心態去請教他人。不要說你力有未逮，或是根本沒有成為領導者的意願。而是，若只是用消極的態度去問人，對方也不會認真回答你。重點是，你要有擔任領導者的自覺，用正面的態度認真求教。有了這些自覺和態度之後，大家才會抱持提攜後進的心情，認真提供你寶貴的意見。

此外，有的讀者可能會想，領導眾人不是需要高度的領袖魅力嗎？其實未必如此，領導者不見得要口才卓絕、反應過人。事實上，口才不好、做事較為慢條斯理的人，也挺適合當領導者的。其實領導者，有各式各樣不同的類型。

有些領導者擅長研究工作，因此把領導工作交給其他人去辦，或是另立一個代理人，自己只負責居中協調。而有些公司的領導者只裁示目標，其領導工作都交給優秀的副手處理。當然，最終裁定權還是在領導者手上，但事必躬親、獨斷專行的領導者反而占少數。由此可見，不是每一個人都得當超級強人，視組織需要妥善分工就好。重點是配合當下的狀況，挑選合適的人才進行應對。

這樣看下來，各位大概知道領導者的職責所在了吧？未來你當上領導者，多少也明白該做些什麼了吧？我認為，在實際當上領導者之前，就該想好自己成為領導者後要做什麼，這才是最理想的狀況。

不要小看自己的能力

前面也提過，我年輕時工作能力低落，動不動就被上司罵得狗血淋頭。不過，我漸漸做出興趣，也想出了一套自己的做事方法和方針。到了三十多歲的時候，我甚至公然反對上司的工作方式。因為那個上司做事情的方法，實在太沒有效率了。總是有一堆無謂的指示和會議，還要我們假日到公司加班。我對這種沒效率的做事方法相當不滿，但人在屋簷下，不得不聽從上司的命令。

後來我忍住反駁上司的衝動，思考自己成為領導者以後該怎麼做，並記錄下來。我懷著滿腔怒火，具體寫下自己要改革的工作方法。結果我真的當上領導者，也實踐了自己思考的方法。過去沒人重視長時間勞動的問題，我為此重新建立一套制度，讓大家都可以準時下班回家。

「當上領導者之前就該做好準備。」我知道這樣講聽起來有點自大，但你要先想好自己上位後要怎麼做，慢慢將想法去蕪存菁，待真當上領導者之後，便能立刻拿來參考，做好工作。

據說，最近有越來越多人不想當領導者，他們認為自己辦不到，所以不願意承擔這份責任。尤其女性在職場上，似乎不太願意接受升遷考試。理由是，領導者的責任太沉重了，而且經常要留下來加班。但在我看來，這都是無能的男性上司惹出來的禍，因為他們的工作方式太沒效率，女性才誤以為當領導者很辛苦，對這一份職責望而生畏。

照理說當上領導者，工作應該要更順遂才對。畢竟領導者有做決定的權力，可以決定自己要的工作方式，從而減少不必要的加班行為，盡可能保留閒暇的時間。

薪水變多，工作也更清閒，這本來是一件好事。但也許你看到現在自己上司的模樣，才會以為當上司非常辛苦，一點也不嚮往當上司，其實這都是錯誤的工作方式造成的。領導者確實要承擔責任，但同時有權力做自己想做的事，是一件值得高興的事情。

- 去請教其他人，領導者應該做些什麼。
- 不要勉強做不擅長的事情，借助旁人的力量，發揮自己的領導風格就好。
- 平常多想想，自己上位以後會怎麼做。

你有沒有認眞聆聽過對方的意見？

你有沒有想過，為什麼部下不肯聽你的話？是他們不了解你的指示嗎？還是故意跟你唱反調？或者，部下也有不得已的苦衷？

如果他們不了解你的指示，可能是你下達指示的方式有問題，你應該先反省一下。比方說在下達指示時，有沒有提出具體的內容？你應該明確指出要部下完成的工作，以及完成期限。順便告訴他們可以參考哪些資料，或該如何歸納等。

若指示下得太籠統，部下只好靠自己摸索，處理工作自然拖拖拉拉。身為上司的你不改善，就算你叮嚀再多次，他們也是不會好好做。

有些讀者可能會想，工作該怎麼處理，不會自己想嗎？有問題，不會來問嗎？可話說回來，上司下達的指示不清不楚，部下犯錯也是很正常的。有的上司交代工作，也不把工作內容和期限說清楚，部下怎麼可能做得好呢？換言之，**你不該要求部下揣摩你的心思，而是要把自己當成發包業者，把部下當成承包商，提出具體確切的指示**。如此，部下才會在期限之內，確實完成你交辦的工作。

此外，還有一種情況是，你的指示很具體，但部下沒長記性，教過的馬上忘得一乾二淨。這時，可以請部下把指示抄下來，提醒他們有疑問就拿出來看，或是乾脆貼在辦公桌上面。總之，那種部下要反覆叮嚀才教得會。

放下身段，積極與部下溝通交流

我剛當上課長的時候，為了提升部下的工作能力，還做出一份「工作十大心得」給他們參考，一有機會我也會對他們耳提面命。

有的部下嫌我嘮叨，但也多虧我嘮叨，每一個人都熟悉工作的訣竅，也遵守這一套辦事方法。要不是我苦口婆心，徹底灌輸部下工作上的觀念，他們大概還要留下來加班，根本沒法準時回家。

至於有部下故意跟你唱反調，那是你們缺乏溝通的關係。為此，你應該安排一段面談時間，仔細聆聽對方有何不滿，了解他的說法是什麼。不過，面談的時候千萬不要說教，也不要用高高在上的態度，試圖去矯正對方。重點是用循循善誘的方式，撬開部下的心房，讓他們願意說出真心話。因此，大部分的時間專心聆聽部下的意見，話少講一點。不要只顧講你的意見，盡量讓對方暢所欲言。切記，**溝通講究的是聆聽**。

我剛當上課長的時候，也是先安排面談的時間。每個部下大約兩小時，一年會安排兩次面談機會，大多在春天和秋天的時候。首先，我會問一些比較具體的問題，例如：工作上有沒有什麼不安或困擾？之後，再問一些無關業務的問題，好比請他們說出對公司和部門有哪些期望。總之，我會多方了解當事人的想法。

仔細聆聽部下的意見，對方才會敞開心房，把他們的不滿和疑惑告訴你。而面對部下的不滿和疑慮，則要盡可能提出改善方案，誠心釋疑。若是部下有錯在先，也該好言相勸。用這樣的方式對談，深入了解部下，之後溝通起來便會毫無罣礙了。

另外，決定面談順序也非常重要。大部分主管找部下面談，都是先找自己的副手，但其實你應該先找最年輕的部下來談話。

年輕人比較耿直單純，對各部門的內情也直言不諱。你可以從他們口中，打聽到其他成員的評價，或是前任主管有哪些缺失。先聆聽年輕人的意見，其他職場老鳥才不敢亂講話。不然，有些工於心計的老鳥，會故意說別人的壞話。當然，別人說的話你也不能照單全收，但事先打聽一點消息，有利於掌握職場的環境和各成員的狀況。

最後，如果部下有不得已的苦衷……。你可能要介入部下的私生活，才有辦法解決他們的問題。問題是，現在的社會風氣很反對這樣的作法。主管一談到部下的婚姻和感情生活，就有被投訴性騷擾或侵犯隱私的風險。因此，很多主管乾脆眼不見為淨。

不過，私生活的問題有可能化為心病，甚至危及部下的生命安全。更何況，大家都在同一個職場上班，完全不關心對方的私事，這豈不是太冷漠了嗎？因此，我認為在合理的範圍內，稍微關心一下部下的私生活，讓他感受到你的關懷，這種體貼的態度也非常重要。

- 要把自己當成發包業者，把部下當成承包商，提出具體確切的指示。
- 少說話，多聆聽部下的意見，
- 定期安排對談的時間，防止溝通不良的情況發生。

你是否有在意部下的成長？

近年來，那種「球員兼教練」的領導者有增加的趨勢。他們在統領部下之餘，還會負責處理業務。因為工作時間有限，只好同時兼顧教育和業務職責。但說穿了，就是人手不足，才會球員兼教練。

面對堆積如山的工作，寧可自己來也不願交代給部下，這種心態其實不難理解。不過，我還是要不諱言地說一句，領導者基本上不該一人身兼多職。不管部下的悟性好不好，你都該盡到教育義務，把工作交代給他們。因為處理業務不是領導者的職責，身為一個領導者，就該專心領導眾人。

那麼，領導者的職責究竟是什麼？**領導者的職責是培育部下，帶動組織成長。**

我之前說過，領導者有各式各樣的類型。領導風格平淡樸實也沒關係，單純負責調度和折衷也沒問題，但無論是什麼類型，都要盡到領導者該盡的義務。

當然，運用組織的力量完成重要的企劃案，這也是領導者的一大工作。可是，領導者最重要的工作，是花時間好好照顧部下、培育部下。簡單說，提升員工的敬業度和貢獻度，促使組織和每一位員工成長，這才是領導者該盡的義務。

當然，自己處理工作固然比較快，但也剝奪了部下成長的機會。換句話說，這麼做沒有盡到領導者的責任。雖然，教導悟性比較差的部下，確實是一件很辛苦的差事。不但耗費心力，又需要耐性。可是，認真做好這件事也是領導者的責任。你該看重的不是當下的成果，而是部下未來幾年的成長性。

關於這一點，還請各位仔細思考一番。

話雖如此，許多人認為領導者應該以身作則，率先處理更多業務；所謂的領導工作，不過就是更高階的業務工作罷了。事實上，當上領導者就是告別過去的業務，踏上一個全新的工作領域，但偏偏大部人都不了解這一點。

或許，各位不懂怎麼提升員工的敬業度和貢獻度吧？我以前當課長時，公司對課長級幹部提出了以下幾項要求，我列出來供各位參考：

- 決定自家單位的經營方針，並確認執行進度。
- 掌握部下的狀況，指導部下精進。
- 隨時向上級回報自家單位的狀況，並將公司的經營理念和目標告知部下。
- 聯繫公司內外的人士，以求順利達成工作目標。

這是對課長級幹部提出的要求，看起來是比較正經八百一點，其實換一個頭銜或單位，領導者該做的事情也大同小異。此外，請不要覺得自己任職的單位小，就不需要制定經營方針。無論你所在的單位大小，都應該參考這些內容，再融入自己的做事方法，擬定出一份「領導者的任務清單」。

培育下屬，也是領導者的職責之一

事實上，所謂的培育部下，不見得要花時間教導他們工作訣竅。有時候，讓他們離開去外面闖盪也很重要。來談一個我以前當部長的經歷好了。

某個單位有一位非常優秀的代理課長，大家都說他是那個單位不可或缺的人才，沒有他那個單位就無法正常運作。的確，在我看來那位代理課長非常優秀。除了為人過於自信，不太願意聽上司和同事的意見外，其餘的無可挑剔。

有一次我問他，有沒有對哪個單位特別感興趣？畢竟他在同一個單位待很久了，嘗試一下別的工作對他本人也有好處。結果他說，去哪個單位都沒差，他沒有特別感興趣的單位。於是我再問他，既然去哪裡都沒差，那去海外好不好？對此他也沒意見，我就直接將他調去海外了。

他沒料到我真的會這麼做，臨行前還問我，如果他不在了，那原本的單位該怎麼辦？我跟他說：「我會找到其他人來補你的缺，不用擔心。你確實非常優秀，對這個單位來說有你是一大幸事，但對你本人不是一件好事。你應該趁年輕累積一些海外的工作經驗，在世界舞台上發光發熱才對。」

有些高層無法理解我的決定，他們反對放優秀的人才前往海外。這不是一個領導者該有的想法；從這一點就看得出來他們只是想要一個好使喚的部下，根本不在意當事人的成長性。

有一個好用的部下的確很重要，但培育部下，進而帶動組織成長，這才是領導者真正該做的事情。

- 小心不要當一個球員兼教練的主管。
- 領導者的工作在於培育下屬。
- 你應該站在長遠的角度思考，如何帶動部下和組織成長。

遇到惡性不改的部下，該如何是好？

你有沒有「當斷則斷」的勇氣？

有些人即便花再多心力栽培，同樣是爛泥扶不上牆；你每次幫他擦屁股，他還是一直給同事添麻煩，對整個單位造成不良的影響。遇到這種人實在很頭疼。

你想方設法循循善誘，我完全可以體會你的辛勞。你身為一個領導者，好話壞話都說盡了，該做的也都做了，相信周圍的同事也看得出你的用心。不過，若真的保不下去了，有時候就該有壯士斷腕的決心；亦即，如果你判斷對方毫無成長的餘地，乾脆把對方調到其他的單位，或是調離現在的崗位。這也是一個領導者的重要職責。

所以，在沒有轉圜餘地的情況下，不妨跟高層商量一下，尋求上級的指示。趁那個部下沒有影響到其他人之前，趕快做你該做的事情。

我知道你可能會心軟，畢竟有的部下人品不壞，你捨不得放棄他。可是，你必須理性且冷靜地做出判斷，**有時你的慈悲反而會妨礙對方成長**。

我也曾經果斷捨棄自己的部下。剛才，我提到那個被調往海外的代理課長，他是能力優異才被外派的，嚴格來講不算是「捨棄」。我是考慮到他未來的發展性，才做出人事異動的安排。但接下來我要講的部下，是不一樣的狀況。

那個部下的工作能力不差，問題是他缺乏團隊合作的精神，而且自視甚高，對待客戶也常有失禮的舉措。我三番兩次叮嚀，他就是不肯改。再這樣下去，對整個單位都會有不好的影響。後來我直接點出他的缺失，也想盡辦法指導他改進，只可惜成效不彰。我反覆提醒只換來他陽奉陰違，根本沒有反省或改進的徵兆。那一段時間我很煩惱該如何是好。

有一次，公關單位跑來找我商量，希望跟我借個人手。於是，我決定放棄那個部下，反正他繼續留在原單位，也不可能成長了。我下定決心後，就把他調去公關單位了。

公關是對外宣傳的部門，不太需要花心力應付客戶。當然，自視甚高的態度不可取，但公關單位跟業務部門不同，比較不講究團隊合作。

幸好他在公關單位做得很愉快，就結果來看我的判斷是正確的。他被調走以後，有一陣子我的部下都在討論這件事，他們說我平常待人溫和，手段卻挺狠的。為此，我要澄清一下，我對每一個部下都是以誠相待，很少做出捨棄部下的決定。可是，部下犯了大忌，我絕對嚴懲不貸。並不是部下犯錯，我一定都會原諒他們。

當一個好好先生，只會被部下看不起，連帶影響到他們的工作表現。因此，除了以誠相待以外，有時還要展現嚴厲和果決的態度，讓他們知道你也有威嚴可怕的一面。

企業如同軍隊，去蕪存菁才能發揮最大戰力

有的領導者遇到不長進的部下，就這麼置之不理，也不果斷捨棄。他們的想法是，拉拔不長進的部下很辛苦，攆走又嫌麻煩，乾脆放著不管就好。於是，他們拼命使喚能幹的部下，想靠少數菁英做出一番成果。其實這是錯誤的做法，不去提升團隊的整體實力，只會一味使喚優秀的人才，也做不出多大的成果。一開始或許成效還不錯，但等到優秀的人才後繼無力，馬上就會現出原形。

使用優秀人才順利完成工作，此乃人之常情，但也要好好花心思琢磨一番，如何善用不得要領的人，也很重要。

那些不得要領的人，有時候你花點心力栽培一下，能力會有飛躍性的成長；畢竟也有人純粹是得不到上司指點，才一直無法發揮真正的實力。與其指導本來就很優秀的人，不如多多拉拔一些璞玉，盡量提升團隊的整體實力。只要你指導得當，不得要領的人也會有很大的進步空間。

企業組織，說穿了就是一支軍隊。有更多可用的人力參戰，組織才會更強大，戰果也會更豐碩。因此，提升每一位成員的實力，將他們安排在合適的崗位上，用最有效的方式賺取利潤，這才是經營之道。

不同的企業有各自的文化，但大家都是朝著這個目標努力工作的。要盡可能發揮每一位成員的能力，在商場上才能穩操勝券。果斷捨棄實屬不得已，因此最理想的做法是，將對方提拔成一個不必捨棄的戰力。

- 真的沒法可用，再來思考如何妥善「捨棄」部下。
- 身為主管平常待人要溫柔和善，但偶爾也該展現威嚴的一面。
- 主管必須想辦法提拔不長進的人才，才能轉化為可用的戰力。

第三章

面對層出不窮的家庭問題，該如何是好？

思考「兩全」而非選邊站的方法，如何？

你是否想過，乾脆辭掉工作專心顧小孩做家務？

若「是」，那好，你認真想過辭掉工作的理由是什麼嗎？是不是你的伴侶不會幫忙顧小孩做家務，給你造成極大的負擔？還是說，與其花錢請保母或幫傭，不如辭掉工作，專心顧小孩做家務比較省？也許，你的另一半賺得夠多，不差你這一份薪水；或者，你想等小孩長大再重回職場？

如果你是想省下保母或幫傭的錢，另一半又不缺你這份薪水，我勸你最好先冷靜一下，再仔細思考一番。

的確，請保母顧小孩是一筆不小的開銷。你要承擔額外的經濟壓力，忙完一天還要花心力照顧小孩，也難怪你會想辭掉工作，專心處理家中的事務。不過，這也是孩子年紀還小才有的困擾。等孩子上小學以後，就不必花錢請保母了，經濟負擔也會少很多。

乍看之下，辭去工作似乎是妥當的做法，但從長遠的角度來看，辭去工作是非常嚴重的損失。**你不該只看眼前的收入，更應該思考未來的報酬**。

根據日本生命基礎研究所的報告，女性正職員工善用產假和育嬰假制度，改做勤務時間較短的正職工作，生涯總年收可達兩億日元以上。相對地，生產後先辭職，再以約僱的方式回歸職場，生涯總年收只有九千七百萬日元；兼職的話則只有六千萬日元左右（假設婦女生下二子，退休年限為六十歲的情況）。由此可見，保有正職員工的身分，生涯總年收就是有這麼大的差異。

順帶一提，非正職員工放完產假和育嬰假，重新回歸職場後，生涯總年收只有大約一億一千萬日元。先辭職再以兼職的方式重回職場，生涯總年收則是四千八百萬左右。換言之，不管你是正職或非正職員工，都應該繼續保有職缺，等放完產假再回歸職場。

除此之外，更不用說辭去工作之後，想要再回到職場有多困難了，尤其，要當回正職員工更是難上加難。因此，在我看來，除非你真的有不得不為的理由，否則你都不該辭掉現在的工作。

況且，你也不該寄望另一半的薪水。也許另一半目前的收入穩定，但未來會發生什麼事誰也說不準。搞不好另一半會生病，或是跟你離婚。

不要以為壞事不會發生在你身上，想法太天真是很危險的。你應該認真考慮風險，不要放棄賺錢的能力和手段。或許你會問：萬一伴侶不顧小孩也不做家務，重擔全壓在自己身上怎麼辦？

不要讓刻板印象，綁架了你的家庭生活

我想多半是女性會遇到這樣的狀況吧？老實說，某些男性整天只顧工作，完全不在乎家裡的事情，我真的無法理解他們的想法。像我太太生病，我還主動攬下顧小孩和處理家務的職責。

這大概是受到「男主外、女主內」的觀念影響吧？都什麼時代了還擺脫不了這種觀念，實在令人匪夷所思。在我看來，顧小孩做家事不是偶爾幫忙就好，更不是女人該負責的工作。我想告訴各位男性朋友，這是我們應該「主動」去做的事情。

家事是生活的基礎，也是不可或缺的要素。把工作看得比家事重要，不把家事當回事，這是大錯特錯的觀念。我反倒認為，工作的重要性比不上家事。

工作確實很重要，但省下不必要的工作，你也不必長時間待在職場。跟家事相比，工作沒有比較了不起。兩者都應該用有效率的方式處理好才對。

一般男性不習慣做家務，做起來也不得要領。明明幫不了什麼忙，稍微幫點忙

就擺出一副勞苦功高的模樣，女性朋友會生氣也是很正常的。不過，女性朋友更應該善用這一點，對丈夫循循善誘，改變丈夫古板的觀念，培養他們做家事的能力。我在上一章講過如何培養部下，女性朋友不妨善用那套方法。

不要凡事都自己來，而是提供丈夫適當的建議，並給予鼓勵。**把丈夫當成部下來培養就對了**。

我在前面也講過，不要敵視你的上司，要把上司當成一起奮鬥的夥伴。對待丈夫也是一樣的道理，丈夫是妳的夥伴，不是妳的敵人。你們是一起生活的伴侶，偶爾妳也該仰賴對方的幫助。如果妳無法兼顧工作和家務，就請老實告訴妳的丈夫，妳想在工作上多花一點心力，請他提供更多的協助。

不說出自己的心聲，只會一直抱怨丈夫不幫忙，肯定會發生爭執和誤會。不要覺得講了也沒用，勇敢相信對方也是一件重要的事。

女性在社會上討生活，長年來都處於不利的環境。因此，女性比較不敢勇往直前，更不敢積極把握機會，顧小孩和做家務成為了女性的枷鎖。然而，今後是女性活躍的時代，請各位女性朋友勇往直前，兼顧家庭和事業吧！希望妳們都能有這樣的氣魄，不要被眼前的疲憊給打倒了，加油！

- 生涯總年收比眼前的蠅頭小利重要，不要辭去工作。
- 把丈夫當成部下，培養他們做家事的能力。
- 告訴丈夫妳對工作的熱忱，不要一味抱怨。

最近和伴侶相處不順

你能列出對方多少優點呢？

夫妻在一起久了，總會遇到各種問題。好比一些小誤會導致雙方溝通不良，甚至陷入冷戰。而長此以往，你可能會覺得跟對方走不下去了，乾脆離婚重新來過比較好。這時，**你該審視自己的內心，而不是審視對方的問題**。回顧一下往事，想想你為什麼要跟對方在一起？想想對方到底哪裡吸引你？回顧你們共處的這段時間，想想你們在一起的經歷。

你會想跟對方共度一生，代表對方還是有吸引你的優點吧？你會跟對方共結連理，肯定是有原因的吧？

先放下目前的不安和焦躁，盡量回想對方的優點，然後寫在筆記本或手冊上面，如何？你能列出對方多少優點？回頭來看對方的優點，那些讓你心煩的缺點似乎就不重要了，畢竟誰沒有缺點呢？沒有人是完美的，不要太在意對方的缺點，多看看對方的優點。養成這樣的好習慣，你就能包容對方，不會整天生對方的氣了。

我跟我太太也曾有一些摩擦，她曾說實在跟我走不下去了，想要跟我離婚。現在回想起來，那時候我太忙碌了，夫妻之間缺乏溝通交流。我確實有不對的地方，但我也不是全無怨言。畢竟我努力工作也是為了她，小孩我顧了，家事我也做了，我不明白她有什麼好不滿的。

不過，太太也有她的苦衷。更何況，她罹患了憂鬱症，沒法顧全家務和小孩，這對她來說也很痛苦吧！後來我想清楚了，我就是喜歡她耿直的性情，才選擇跟她在一起的。因此，我決定好好面對雙方的問題，重新了解她。

沒錯，這就是我之前說的，不要奢望對方來了解你，你應該先了解對方。多虧史蒂芬·柯維開示的七大習慣，我才得以迴避離婚危機。所以，建議各位也遵循史蒂芬・柯維的教誨，先了解你的另一半，重新看一下對方有哪些優點。

此外，請找出另一半值得尊敬的地方。我在前面也有教過各位，跟合不來的同事相處也要心懷敬意，對吧？各位可能會覺得我了無新意，但尊敬你的伴侶真的非常重要，說穿了這比愛情還重要。愛情早晚有一天會淡掉，但我們不能不尊敬對方。有些人你再怎麼不喜歡，也總有值得尊敬的地方。

像我太太在生病之前，煮飯、洗衣、掃地每一項都處理得很完美。我們新婚那段日子，我每天下班回到家裡，她總是把家裡打掃得乾乾淨淨，桌上也有各種美味的菜餚。我就沒辦法把家務打點得那麼好，後來我太太生病，我也有煮菜給小孩吃，他們說我煮的飯菜根本是給狗吃的。好在他們還願意吃下肚，但我的廚藝實在比不上太太。在我看來，太太處理家務的能力很值得尊敬。

仔細回想一下對方的優點，其實你可以找出很多值得尊敬的地方。另一半身上總有一些你比不上的優點。

所謂「溝通」不是各說各話，而是用心聆聽

然而，反過來說，如果你真的找不出值得尊敬的地方，這代表你們結婚本身就是個錯誤。我這話可不是隨便說說，而是希望各位認真思考的問題。若是真的找不出對方的優點或值得尊敬的地方，那就不要勉強在一起了。

當然，你應該先好好想一想，而不是輕言放棄。先想清楚，認真面對你們的問題，說出彼此的心裡話。盡可能放下情緒或成見，努力思考和好的辦法。或者，找個值得信賴的第三者商量也好。

有些人不先努力，只會用情緒化的態度嫌棄對方，整天吵著要離婚；也有人寧可維持貌合神離的關係，也不願認真面對自己的另一半。在我看來，這些處理方法完全錯了，該做的努力也都沒做到。在你們分道揚鑣之前，好歹該試著挽回才對。

最後再重申一次，跟對方溝通的時候，不要只顧著說，而是要專心聆聽。發表自己的意見固然重要，但也不能不聽對方的說法。雖然不能提出自己的要求，還要

聆聽對方的說法，是很痛苦的事情，但你必須忍耐。不要凡事只想到自己，先聽聽對方的想法。你肯好好聽對方說話，人家才會願意聽你說話。

不論是經商或齊家之道，溝通都是邁向成功的不二法門。不信的話，請你馬上用這一招來改善夫妻關係吧！

- 回想一下你與另一半結婚的理由。
- 找出對方值得尊敬的地方，並寫下來。
- 跟另一半溝通時，不要只顧著說，要專心聆聽。

你有沒有替自己準備好「退路」？

我知道各位很努力。工作之餘還要照顧家庭，真的非常了不起。如果你覺得累了，不妨請假休息一下，找個人幫你帶小孩或做家務吧！

現在有家庭幫傭的服務可用，顧小孩很累的話，去社福機構諮詢看看也好。

我之前也說過，工作最好不要辭掉，暫時請個長假就好。先跟上司報告你的狀況，請假好好休息，有需要就去醫院接受治療。若不好意思告訴上司的人，也可以去找總務或人事單位的主管商量。總之，不要怕給別人添麻煩，你的工作總會有人處理。同事都知道你平常很努力，沒有人會責怪你的。

責任感確實很重要，我們不該拋下自己的責任，但沒有什麼事情比健康更重要。各位還記得嗎？工作雖然重要，但這世上沒有比人命更重要的工作。

以我個人來說，工作是我最大的樂趣，我願意卯足全力去達成工作上的目標，這話一點也不誇張。對於那些拼命工作的人，我也會勉勵他們繼續努力，不要放棄。**可是，你要是真的撐不下去，那就不要努力了；真的受不了了，逃避也沒關係**。有時候你發現自己撐到極限了，就要趕快轉換思考方式，放下手邊的工作。

操持家計也是一樣的道理。萬一小孩子不好教養，先放手交給別人管教也無妨。你的另一半讓你心力交瘁，那就乾脆各奔前程好了。

我還是那句話，真的無可挽回了就分開吧！當然，能不分就不要分，但撐不下去了分開也無妨，因為人生沒有一定要遵守的「正確答案」。

以前我在演講中談到工作和家庭，我告訴底下的聽眾，要懂得接受自己的命運，結果一位女性朋友跟我說：「我丈夫完全不顧家庭，為人又自私自利，不管我怎麼說他就是不聽，難道我就要自認倒楣接受這種命運嗎？」

我告訴那位女性朋友：「如果你丈夫這麼差勁，那妳離婚也沒關係。我所謂的接受命運要看情況而定，不是一定要在一起才行。」

「接受命運」不是叫你一味忍受惡劣的現狀。當然，某種程度的忍耐是必須的，但有時候你得找到其他方法排解，不能只是忍耐；總之，不論面對工作或家庭問題，你要記得替自己留一條「退路」。

找出實際原因，體諒孩子的心情

此外，萬一你的孩子逃學或繭居，建議你也用這樣的態度處理。有些父母看到孩子逃學或把自己關在房裡，就會想方設法逼他們出門。有人用罵的、用勸的，有人則是鼓勵孩子多多加油。

不過，我認為以上這些作法都太苛刻了。其實孩子已經努力過了，就是努力了還沒用，他們才會選擇逃學或封閉自我。**逃學和封閉自我也是一條「退路」**。

這時，你不去體諒孩子，還叫他們繼續努力，孩子的心靈會壞得更徹底、更不願意出門。

我大兒子念小學的時候被同學欺負，他患有先天障礙，跟一般健康的孩子不一樣，我心想這應該是他被欺負的原因。於是我找上班導，希望到他們班上談論一下我兒子的事。我相信那些孩子只要明白先天障礙是怎麼一回事，就不會欺負我兒子了。可是，班導說過去沒有這種先例，所以不願答應我的要求。

我幾經思量後，決定找全班同學來家裡談話。我告訴那些孩子，我的兒子患有自閉症，社會上很多人跟他一樣是弱勢族群，正常人應該多幫助他們才是。總之，所有道理和柔情攻勢我都用上了。

後來我兒子就沒被欺負了，本來置身事外的同學也都跳出來幫我兒子。我秉持誠意找小孩子溝通，他們也理解我的訴求，改變了自身的行為。

我想大概沒幾個家長會這樣做吧？老實說，我在出手之前也很猶豫。但學校已經無法保護我的孩子了，身為家長就該盡到自己的責任。於是，我想了一個解決之道，而不只是替兒子留一條「退路」。

最後我要提醒各位，晚上一定要睡飽一點。我年輕的時候忙著工作和照顧家庭，每天早上五點起來準備孩子的早飯和便當，出門上班後一直工作到傍晚六點，回到家又要煮晚飯和照顧孩子。現在回想起來，我都很佩服自己的體力。

好在，我並沒有累到撐不下去，或許是因為我睡眠充足的關係吧！因此，誠心建議各位每天最好睡七小時，好好休養身心。

- 真的累了，就給自己放個假，暫時放下工作和家庭。
- 凡事沒有正確答案，替自己準備一條「退路」也未嘗不可。
- 每天最好睡滿七小時。

家人一直惹事生非……

你是不是輕忽了自己的家人？

有時，家庭問題比職場問題更難處理。好比伴侶揮霍無度、小孩子不肯念書、長輩整天提出一堆麻煩的要求等。你好心提供建言，他們卻完全不肯聽勸。稍微罵上幾句，他們又會擺臉色給你看。你為了家人盡心盡力，換來的盡是怨言，而不是感謝。

我可以理解面對這種窘境的壓力，你會對這一切感到厭煩，甚至心生怨懟。問題是，厭煩歸厭煩，你又不能視而不見。當然，如果家人惹出來的問題不大，你也不需要管太多，了不起關心一下就是了。可是像金錢或心理問題這一類的麻煩，必須盡快處理才行，否則之後會惹出更大的麻煩。

「小小的麻煩」一旦演變成「頭痛的問題」之後，家庭很有可能分崩離析，到時候你連工作都沒心力處理。那麼，到底該怎麼解決才好呢？

首先，**不要把你的家人當作親人，而是要把家人當成獨立的個體尊重**；既不是你的伴侶、也不是你的父母或小孩，而是跟你對等的獨立個體。

我在前面有提到阿德勒的訓示，待人接物要保持對等，才能建立良好的人際關係。你對待家人也要做到這一點。用對等的心態看待家人，可以保持適當的距離感，尊重對方的自主性。如此一來，你就不會覺得對方「應該」照你的話做。

話雖如此，其實家人間很難對等相待。畢竟大家的關係很親密，難免會輕視或不尊重對方。然而，你用輕慢的態度發言，對方根本聽不進去。因此，如果希望對方聽你的話，按照你的意思行動，前提是你們要保持對等的關係。不要放入多餘的感情；就某種意義來說，你要把家人當成外人來看待。

總之，首先你要認清這一點，不要覺得你是在替對方把屎把尿，而是要保持一點距離，思考如何幫助對方解決問題。

其次，請特地安排一段溝通的時間。不要邊做家事邊碎碎念，而是誠懇地找對方坐下來商量，請他好好改善自己的問題。溝通不一定要在家裡，去餐廳或咖啡廳談也沒關係。

各位可能會想，這豈不是跟部下面談一樣嗎？為什麼在職場上的那一套，要拿來用在家人身上呢？我再重申一次，對待家人和部下基本上是同一個道理，你一定要先聆聽對方的說法才行。

一開始對方也許會擺臉色給你看，就算你對等相待，對方也不見得會這麼做，因此你可能會感到火大或不滿。不過，只要你堅持對等的姿態，最終對方絕對能感受得到。把對方當成獨立的個體，冷靜溝通交流，對方才願意說出心裡話，雙方的問題才有機會迎刃而解。

但遺憾的是，有些問題你用對等、真誠的態度去處理，也未必能解決。

耐心等待，相信自己的家人

除了前面提到的大兒子，我還有一個女兒和小兒子。我把他們當成對等的個體，而不是靠我養的小孩。也幸虧如此，我和這兩個孩子從來沒有發生過爭執。可是，該來的問題還是躲不掉。

我小兒子大學念了七年才畢業，畢業以後只肯打一些零工，不找正職工作。好不容易找到一份穩定的工作，也是做沒多久就辭職，生活一直沒有安定下來。我看了當然也很擔心，但我並沒有唸他，而是讓他照自己的意思去做。我相信他有自己的想法，也就沒有過度干預他的生活。不過，若他的生活太荒唐的時候，我還是會試著叮嚀他。不料，情況始終沒有好轉，到後來還需要我的金援。這下我真的開始擔心，他以後會不會去作奸犯科？

不過擔心歸擔心，我依然沒有對他抱怨或發火，他會變成這樣，也是我平日工作太忙疏於管教的緣故。小兒子的問題，或許是我自作自受吧！總之，我用這種方式說服自己，耐心等待他成熟懂事，即便還是難掩內心的焦慮。

大概是我的耐心等待奏效吧！小兒子終於重新振作，還開創了一番事業。現在事業經營得很順利，也娶妻生子了。他寫了一封感謝函給我，底下列出他以前花了我多少錢，同時保證以後會全數還給我。

我從沒想過要討回那些錢，但他的行為令我很感動。我們雖是父子，但也尊重彼此是獨立的個體，因此他要把欠我的還清。我真的感到很驕傲。家人是陪你走過漫長人生的夥伴，正因為關係親密，才更應該重視對方，而不是反其道而行。

- 把家人當成獨立的個體尊重。
- 用職場上的溝通方式，認真和家人溝通。
- 有些問題沒辦法一下子解決，要耐心等待。

你是不是對父母，抱有過度的期待？

無論面對工作或家庭，人際關係講究的都是對等相待。也就是保持平等的關係，而不是上下關係。這個道理，我已經說過很多次了，但各位的父母大概還不明白這個道理吧？

父母可能一直把你當小孩子，對你頤指氣使；或者他們不夠尊重你，總是否定你做的每一件事。親子不合的理由因人而異，但細究下去不外乎是這些原因。

各位對父母感到厭倦的心情，我可以體會。你都已經老大不小了，父母還是用高高在上的語氣唸你，也難怪你不想看到他們。就算你想斷絕關係老死不相往來，這也沒什麼好奇怪的。只是，父母這麼做並沒有惡意。他們只是認為小孩就該聽父母的話，跟自己的孩子講話也毋需顧慮太多。換句話說，父母缺乏知識，不明白親子之間的相處之道，這是無知所犯下的過錯。人，本來就會犯下無知的過錯。既然是無知的過錯，似乎也就情有可原，對吧？

當然，你長年來吃盡苦頭，叫你原諒他們的無心之過，你也不見得能接受。不過，**父母也是人**，**是人就會犯錯**，**不可能什麼道理都懂**。為此，你應該放寬心胸，試著轉換一下自己的思考方式。把父母當成普通的凡人就好，原諒凡人犯下的無心之過。

努力去原諒別人，對你的成長絕對有幫助。我知道，要化解幾十年來的積怨並不容易，但克服這個難關，今後親子關係就不再是你的重擔。

可話說回來，我們很難把父母當成一介凡人，這比你尊重小孩的獨立自主更困難。畢竟從小到大我們都把父母當成高高在上的存在，要改變那樣的認知是有難度的。然而，把父母當成凡人不是件壞事。話雖如此，仍有些人會覺得，親子之間刻意保持距離不太好，實則不然。

記住，父母也是普通人

就以我個人為例，母親對我來說不只是母親，也是一位普通的女性。我們感情很好，相處起來也很愉快。她就像是一位親密的女性朋友，我們母子無話不談，關係也比一般的親子更加深厚。

我父親很早就去世了，母親一手拉拔我們四個男孩長大。所以，我們四兄弟都非常敬愛母親。但也不曉得為什麼，兄弟中只有我一人，會把母親當成普通的女性看待。升上中學後，我還故作早熟，關心母親有沒有認識好的對象。我甚至勸她，有好的對象再婚也無妨。母親聽了很訝異，她說小孩子不該對自己的母親亂講話。

可是，她也不是真的討厭聊那些話題。後來，她會跟我談起自己的初戀回憶，還有自己跟老情人久別重逢的事情。當然，通常兒子都不想聽母親的戀愛故事吧！事實上，母親說她要再婚的時候，其他兄弟也都表示反對。大家都不是小孩子了，卻無法忍受自己的母親嫁給其他男人。於是，我勸慰自己的兄弟：「母親她不只是我們的母親，更是一位普通的女性。身為一位女性，她有追求自己幸福的權利。我們做兒子的，沒有資格阻止母親追求幸福。」

最終，大家也接受我的說法，母親終於順利再婚了。再婚的對象人品也很不錯，兄弟們都很滿意。我把母親當成一個普通的女性看待，我們一家人都過得幸福美滿。

我們經常會看不起資歷尚淺的晚輩或年輕人，因為在一般人眼裡，年輕意味著不懂事，資歷淺意味著沒有能力；而父母之所以總覺得孩子無知又自以為是，就是最好的驗證實例。

然而，年輕未必不懂事，資歷淺也未必沒有能力。有些人年紀輕輕，能力卻比年長者或父母更為優秀。經營組織和家庭，都不該忘記這一點。

你的父母可能不懂這個道理。不過，如果你懂這個道理，而且願意實踐的話，你們的親子關係一定會有所改善。至少，你對父母的看法將會改觀。而當你明白有的道理年長者不一定懂、孩子也未必不如父母時，你就可以用更寬容的心態，來原諒父母的無知，畢竟人非聖賢、孰能無過？

培養親子關係是要花時間的，重點是要找到適當的相處之道。有時我們難免會碰到不如意的狀況，心中頗有怨言，但試著去改善狀況，總比老死不相往來要好。

- 不喜歡父母的話，請把他們當成凡人就好。
- 若想要培養良好的親子關係，雙方應該保持一點適當的距離。
- 不要對親子關係有太多的成見或刻板印象。

家庭氣氛總是不好，該怎麼辦？

你曾寫信給家人嗎？

各位與家人是不是溝通不順？剛才我也說過，最好的方法是找個機會跟家人對談；要是辦不到，或者當下的氣氛不適合對談，不妨寫封信給對方。

我經常寫信給家人，有時候甚至是抱著一種祈禱的心情在寫信。我的女兒很孝順，還會幫我操持家務，但她也曾經輕生未遂。而當我得知她輕生的消息，真的非常錯愕。

不曉得是不是家裡的事情給她太大的壓力？還是我這個父親有什麼做不好的地方？我既擔心又愧疚，可是又怕直接說出口，反而會增加女兒的負擔。於是，我寫了一封信，讓她知道我有多重視她。

「這一次妳出事，是我人生中最大的打擊。好在妳平安獲救，我真的很高興。爸爸我很愛你，比誰都愛。我會盡最大的努力，幫助妳活出自己的人生。」內容差不多是這樣，寫完後我交給女兒。

後來她走出陰霾，也沒再輕生了。而且也跟過去一樣，在我工作忙碌或太太生病的時候幫忙操持家務。

或許她也有話想說吧？但我沒有深入打探她輕生的原因。因為她既然不願意講，勉強問了也不會有好結果。幾年後我才知道，我寫給她的那封信，她一直夾在記事本裡，走到哪都帶在身上。我寫那封信的時候心慌意亂，是直接寫在公司的文件背面，字跡也凌亂潦草，但她很珍視那封信。

現在，我還是不知道女兒輕生的原因，但顯然那封信，已經成為她心靈上的寄託和依靠。**寫在信上的文字，深化了我們父女的情感，效力遠勝過空口白話**。

此外，簡訊其實也有同樣的效果，但在關鍵時刻，若要把心意確實傳達給重要的對象時，我建議還是寫信比較好。

不好意思開口說，就用寫的吧！

實話告訴各位，我們家從以前就有寫信交流的習慣。

一開始是我調去外地任職，偶爾會寫信寄給家人。那時兒女還在念初中和高中，他們也有回信給我，但是我太太叫他們回信的。信件內容多半是閒話家常，如：長子都寫他看了哪些書籍，女兒和小兒子就報告自己的近況或考試成績。小兒子還會寫一些天真的話題，好比問我聖誕節會帶什麼禮物回家。在那個年代還沒有社交軟體或簡訊，除了寫信也沒太多交流方法，但把自己的心意寫下來交給對方，可以拉近彼此的距離。寫信雖然比傳簡訊麻煩，但也更有誠意。

工作繁忙的時候，孩子的信帶給我很大的慰藉，現在回想起來我還是會感動落淚。所以，各位不妨試著寫信給家人，用信件和家人溝通交流。不是一定要分開住才能寫信交流，趁生日或紀念日，直接寫好交給對方也行。

此外，在一些比較特別的日子，是不是平常說不出口的話，也說得出口，對吧？好比結婚典禮上，新郎新娘不是會朗誦感謝函給父母嗎？像那種感謝的話語，平常大家都不好意思說出口，但用朗誦的就容易多了。因此，我認為寫信，是一種家人之間溝通的好方法。

接下來，我要說的和寫信沒什麼關係。我認為把自己的心意和想法說出來，也是一件很重要的事。以前孩子生日的時候，我會請他們發表五分鐘演說。生日是值得紀念的日子，我希望他們談一談自己的抱負。

當然，那時候他們年紀還小，起初也是嘻皮笑臉不太肯講。就算講了，也持續不到一分鐘就結束了。不過，每一次生日和紀念日都這樣做，孩子就越講越順了。他們會改進自己的表達方式，練就良好的口條。而長期做這種練習，不僅表達能力會變好，彼此也會知道對方想表達的重點，就不會有猜不透對方心意的情況發生。

我認為，想要改善家中的氣氛、建立無話不談的良好關係，就要養成有話直說的習慣，而不是要求對方揣摩你的心意。為此，只要找機會好好溝通交流，家庭關係自然會變好。一開始先做做樣子也好，做久了一家人自然就會養成習慣。這種互相表達心意的風氣，會深植在家人的心底。萬一日後碰上什麼壞事，你們就知道該如何用寫信的方式溝通。

其實最理想的狀況，是一家人平常就保持良好的溝通關係，不用特別表明心跡。但忙碌的時候，我們難免會有疏漏之處。因此，先做個形式養成溝通的習慣。也許一開始有些害臊，但養成習慣以後，就可以很自然地說出心聲了。

- 說不出口的心意，要寫成信告訴對方。
- 在生日或紀念日寫信給自己的家人。
- 跟家人一起練習五分鐘演說，學習表達自己的心意。

第四章

如何做好金錢管理，避免經濟突然出狀況？

你有沒有認眞思考過每筆支出的必要性？

健康和金錢是人生中最重要的兩樣東西，缺了一樣都不行。不過，由於健康和金錢實在太稀鬆平常，以致我們很少去注意這兩樣東西。即使你覺得自己已經很注意了，還是會不小心輕忽。相信這樣的人也不在少數。

先來說說健康好了。健康這種東西你再怎麼注意，難免會出問題。就算小心呵護自己的身體，該生病的時候就是躲不掉。就某種意義來說，健康只能聽天由命。

可是，金錢就不一樣了。除非你真的特別倒楣，不然幾乎不會窮到活不下去。

確實，金錢也有一些人力無法掌握的要素，但只要平常有在注意，照理說都能保有生存所需的資金。為此，如果你總有錢不夠用的問題，甚至連生活都有困難，那就代表你缺乏金錢觀念。你應該用更嚴謹的態度，重新審視一下自己的金錢觀念。

當然，會不自覺亂花錢的人也要注意。若再不改善這個問題，你很有可能碰上大麻煩。請徹底反省自己的金錢觀念，改掉不自覺亂花錢的毛病吧！那麼具體來說，要怎麼做呢？

首先，請各位記住「量入為出」這句話。這是儒家典籍《禮記》的教誨，意思是要掌握收入的多寡，制定合宜的支出計畫。記得，收入是有限的，不管你收入是多或少，都要先確切掌握收入的數字，再來擬訂適當的支出計畫。倘若支出超過你的收入，就要節省不必要的開銷，盡可能達成收支平衡。簡單說，你的生活水平要合乎你的收入水平，這才是關鍵。

有些人可能會想，這麼簡單的道理還要你來教？或許，你平常有在記帳，也不認為自己有亂花錢享受吧！然而，事實真是如此嗎？你有沒有好好審視自己記下的帳？你是不是嘴上說自己過得很節儉，但一看到想要的東西就忍不住購買？

我坦白告訴各位，**光記帳是沒用的**，**還要定期審視自己的開銷**，**確認開銷是否符合收支計畫**。至少你要替自己留下一些盈餘。只要入不敷出，就代表你的生活不夠節儉，哪怕你買東西再省都一樣。這樣回過頭來看你就會發現，「量入為出」說起來很簡單，實際做起來卻很困難。

總之，做好金錢管理的第一步，就是要先養成量入為出的習慣；在花錢的時候，不要只想著怎麼花，重點是不要花超過你的收入水平。

訂定花費計畫，方能做好金錢管理

此外，還有一點要請各位想一下，請仔細思考你到底重視什麼。你要在哪些事物上花錢？哪些事物上節儉？請先決定好優先順序。

勤儉生活固然重要，但凡事節儉，過得毫無品質也不好。你應該在重要的事物上花錢，其他不重要的事物盡量節儉；換言之，**你該考量「取捨」和「專一」**。

以我個人為例，我三十出頭時在大阪上班，還辦了貸款在當地購置房產。當年我薪水還不高，也幾乎沒什麼存款。是太太的家人建議我買下他們的土地，於是我就買下來蓋了一棟房子。現在回想起來，我那筆錢花得太魯莽了。

不過，我用十分嚴謹的方式評估家計，制定了縝密的還款計畫。比方說，我在還款期間不吃外食、不旅行，也絕對不買奢侈品。這麼做或許讓我的家人過得比較拮据，但也多虧我堅守紀律，才得以在四十多歲時順利還完貸款，終於有一棟屬於自己的房子了。

當然，你要把開銷集中在什麼事物上，那是個人的自由：重視家族旅行的人，就把錢花在家族旅行上；重視孩子的教育，那就優先花在教育上。

我在前面也說過，時間管理最講究計畫和效率，花錢也是一樣的道理。你應該訂立確切的支出計畫，有效率地使用金錢。此外，不要只看眼前的收支和開銷，考慮五到十年後的經濟也很重要。你要放眼未來，想辦法增加自己的收入，而不是一味減少支出。風險較高的投資要盡量避免，同時用更宏觀的視野，腳踏實地增加自己的資產。

實不相瞞，我三十歲買的那一棟房子，後來沒什麼住的機會，我就租給別人了。公司發布人事異動的命令，我們便舉家搬往東京。要搬離自己辛苦買下的房子，老實說我也覺得蠻可惜的，但從結果來看，那一份房租對我們家計有很大的幫助。現在我也繼續當個包租公，家計獲得很大的改善。

這都是我遵行「量入為出」的觀念，用錢不忘「取捨」和「專一」。

- 徹底遵行「量入為出」的觀念。
- 決定開銷取捨，擬定合宜的支出計畫。
- 不要只考量眼前的收入和支出，要站在長遠的角度，思考如何增加資產。

每個人的花錢方式，與自身本性息息相關？

「錢」這種東西必須要拿來用，才會明白如何善用金錢，豐富自己的人生。

或許，從這個角度來看，「欲望」就某種程度來說，也是相當重要的。如果我們沒有消費欲望，根本不會了解錢的重要性，也不會思考如何善用金錢。更何況，欲望是資本主義社會不可或缺的要素。欲望刺激經濟，也帶動資本主義社會的運作，這麼說絕不為過。

話雖如此，欲望太強也只會招致破滅。若人人皆利慾薰心，幹盡偷拐搶騙之事，社會早晚會完蛋的，經濟體系也將不復存在。所以，我們需要用「理性」來控制欲望。簡單說，你要有良好的人品，保持欲望和理性的均衡。否則，很難用賺來的錢豐富自己的人生。

不過，這比你想像的更加困難。擁有崇高的社會經濟地位，談到金錢也不見得就能保持理性。好比最近有官員收賄的事件被報出來，對吧？那些官員每個都充滿知性，但終究敵不過欲望的摧折，實在令人不勝唏噓。

有的大老闆賺了大筆財富，照理說應該很懂得善用金錢，可惜他們在金錢問題上，也展現了令人遺憾的醜惡人性。例如，不久之前發生了一件事，某位知名企業的大老闆帶著部下來找我，要我去他們的公司發表演說。他單方面提出各種要求，直到最後才提車馬費。他願意提供的車馬費很少，少到不像大企業該出的金額，而且還一副理所當然的態度。

那金額少到連我都嚇了一大跳，我完全傻眼了。要是他有什麼難言之隱，那也就罷了；一個知名企業大老闆，事先沒有任何說明，就提出一個不合理的價碼。我不是真的要他付很多錢，重點不是金額，而是他的態度。那一件事也讓我體認到，**用錢的方式會看出一個人的人品和本性**。因此，請各位務必留意。在你思考如何善用金錢之前，要先明白一個道理，錢這種東西會透露你的本性。

投資不僅是為了額外收入，亦是一種學習

另外，投資股票或其他金融商品，算是有效活用金錢的一大方法。可是，有一點容我提醒各位，不要一開始就想著賺大錢。投資不是賭博，而是應該用「多餘」的錢來投資，花時間慢慢增加自己的資產。只要你遵守這個原則，投資絕對有好處。

不僅如此，透過金融商品追逐金錢的脈動，也可以讓你更了解這個社會或業界的運作。你會思考未來的經濟走向，一言以蔽之，投資對學習經濟和社會運作都有很大的幫助。

事實上，有了股票和經濟的知識，在職場上也派得上用場。當你熟悉經濟和社會脈動，上司和客戶也會對你另眼相待。

在我看來，我們本來就應該主動學習這些知識，但平日實在忙到沒空學習。就算真的抽空學了，大概也堅持不了幾天。而實際進行投資，你會逼著自己去學習。畢竟這關係到金錢得失，你一定會積極吸收相關的知識和訊息。換言之，**投資金融商品，也是增進工作能力的大好機會**。

我年輕時有一陣子也很愛玩股票，也有不少賺錢和賠錢的經驗，但我的心情很容易受到股價變動影響，幾乎沒有心思認真工作。為此，後來我再也不碰股票，直到最近才稍微淺嘗一下。

順帶一提，我是透過好幾家證券公司下單的。投資時最重要的不是股價變動，而是跟你報明牌的營業員到底人品如何。營業員的性格和言行，是判斷消息可靠與否的一大依據。

投資的關鍵不只在於訊息和知識，買賣的速度和出手時機也至關重要。從這幾點可以判斷一個人的投資技巧；若要透過營業員交易的話，則看人的眼光或許比判斷股價走勢更重要。

另外，金錢的知識最好從小培養，如果你有小孩子，不妨在給他們禮物或零用錢時，教他們如何善用金錢豐富人生。

我去世的母親有一位好友，已經高齡一百歲了。那位老婦人兒孫滿堂，平時卻完全不給那些兒孫零用錢。不過，在兒孫入學、畢業、結婚等重要關頭，會直接給他們一筆大錢。而且給的金額很公平，不同的人生關頭都有決定好一個金額。因此，她的兒孫都明白金錢的重要性，也很敬重奶奶。所以，不要看兒孫可愛就亂給零用錢，而是制定一個給錢的規矩，一次給一筆恰當的金額，晚輩才會有金錢觀念；而有了金錢觀念的人，才會善用金錢豐富自己的人生。

當然，我不是叫各位非得依樣畫葫蘆。用錢的規矩因人而異，也不必模仿其他人，但重點是要訂出一套規矩。

- 謹守「欲望」和「理性」的分寸。
- 反省自己花錢的方式，是否合乎品格。
- 投資不光是為了賺錢，同時也是為了學習。

始終得不到滿意的薪水

你的錢，是如何賺取來的呢？

「你是不是覺得自己薪水太低，想要更多的薪水？」相信很多人都有類似的想法。拼命工作，得到的酬勞卻比不上付出。照理說你應該得到更多才對，你的不滿我也深有體會。不過，薪水是公司決定的，不是一個員工開口討錢，公司就會加薪的。當然，這一點你也知之甚詳。

然而，近年來實力主義盛行，業績和考評影響到薪資的情況也屢見不鮮。有些公司是看職缺和工作內容給薪水的。所以，如果你想替自己加薪，就必須出示具體的成果，試著跟上司交涉。你要讓上司了解你的付出，請他給予獎勵。然而，這一招是否受用，其實要看你們公司有沒有交涉酬勞的風氣。你要是真的有心，也有交涉餘地的話，可以試著挑戰看看。

然而可想而知，要求加薪的難度一定不低，搞不好你在公司的名聲還會變差。問題是，若不努力爭取自己的福利，整天只會抱怨，這也稱不上是有建設性的方法。也就是說，要改變現況本來就得付出相當的努力，有方法就該去嘗試。否則，空口白話說再多也不會有任何改變。

聽我這樣講，你或許會很感慨，但賺錢從來就不是一件容易的事。

我知道，有些人會問，也有人輕輕鬆鬆就賺大錢啊？的確，有的人不必太努力，也賺得到大錢。好比美國的上流社會，根據國際非政府組織樂施會的報告，全世界七十億人口中最有錢的八個人，他們的財產相當於三十五億中下階層的總財產。這些有錢人也不是沒日沒夜辛苦賺錢，而是利用企業的機制成為巨富。說不定那些有錢人也很納悶，怎麼自己的錢會多到這種地步吧？當然，我相信他們也有付出一定的努力，但光靠自身的努力無法賺到億萬家財。

秉持著回饋社會的心態，就不會覺得永遠賺不夠多

那麼，他們有幸成為億萬富翁，是誰的功勞呢？

不用想也知道，是社會上廣大的群眾；廣大的群眾使用了他們的企業服務。換言之，多虧有這個社會，有錢人才有辦法賺到大錢。因此，照理說億萬富翁應該用某種方式，把賺來的錢財回饋社會才對。

社會給予企業主財富、企業主用賺來的錢活絡社會，而社會均富後，他們才能賺到更多的錢。也就是說，社會支撐整個財富循環的體系，想要持續賺取更多的錢財，就得用賺來的錢回饋社會。

事實上，歐美的上流階級也很清楚這一點，他們做善事就像喝白開水一樣。微軟創辦人比爾・蓋茲（Bill Gates）、投資之神華倫・巴菲特（Warren Buffett）等人，也對慈善事業做出不少貢獻，還一度造成話題。當然，有錢人做善事有一部分是為了節稅，但最主要還是基於貢獻社會的精神。他們知道自己的錢取之於社會，

自然該用之於社會。

不用辛苦工作就賺得到大錢，這確實令人欣羨。但不論你是有錢人還是普通人，都該認清一個道理，你現在擁有的財富，其實也都是別人給你的。

跟歐美相比，日本人比較缺乏回饋社會的觀念。

我自己也不太常花錢做善事。不過，有一次高中的老同學告訴我，他打算向畢業生募款來紀念母校創立一百四十周年。無奈大家捐錢不太踴躍，因此我直接捐了十萬元。

畢業生當中有不少企業家和高階主管，我認為自己多捐一點，或許會有拋磚引玉的作用，沒想到只有我和另一個人捐最多。由此可知，日本人普遍缺乏回饋的觀念。

最後，若真的無法接受自己的薪資，換工作也是一個辦法。既然做好幾年都無法加薪，考慮跳槽倒也不為過。不過，良禽擇木而棲不該只看薪水多寡，還要看新東家到底適不適合自己。良好的職場氣氛和工作環境，是用錢買不到的。多方考量之下，要是跳槽對你比較有利，那你就應該跳槽。若否，我建議你還是慎重考慮為宜。

薪水固然重要，但長久培養的人脈也是無可取代的資產，這一點也請各位不要忘記了。

- 盡量想辦法提升自己的薪水。
- 仔細思考你賺的錢從何而來。
- 跳槽不要只考慮薪水，職場氣氛和環境好壞也很重要。

一想到未來，就擔心錢不夠用……

你眞的需要這麼多錢嗎？

萬一哪天公司倒閉了，頓時失去收入來源該怎麼辦？此外，未來你還會碰到各種需要用錢的狀況，好比生病受傷需要醫藥費，還有父母的看護費用等。一想到這些煩心事，你大概都睡不著覺了吧？說不定，你現在已經在操煩這些事了。

的確，天有不測風雲，人有旦夕禍福。生性嚴謹的人反而會擔心太多，害自己陷入不安的情緒當中。

我這個人是非常樂天的，當我知道長子天生有缺陷、太太生病不斷住院治療，也從沒有悲觀過。當然，碰到這些麻煩事，我也跟普通人一樣頭疼，但我沒有太過煩惱或失落。反正，船到橋頭自然直，煩惱太多也無濟於事，先把眼前的問題處理好，自然可以保持積極正面的心態。我工作再忙再累，也從來不會煩到睡不著。

這要感謝我父母的教養方式，還有與生俱來的氣質。有些樂天觀念是我努力養成的，但絕大部分是與生俱來的氣質。

我年輕時可是有「吊兒郎當」和「愛偷懶」的稱號呢。職場上的事姑且不論，至少我平常不會想太多，更不會去做自尋煩惱的事情。或許從各種層面來看，我就是一個堅強又單純的人吧！

然而，不是每個人天生都有樂天的氣質，而且不管你喜不喜歡，總會碰到煩惱或不安的事。我叫各位當一個樂天的人，你們也只會感到困惑吧？因此，我不會叫各位振作或別煩惱，因為這樣講只會讓你們更煩惱而已。

對於內心總是揣揣不安的讀者，我要送你們一句話：「**人生需要的是『勇氣』和『想像力』，還有『少許的金錢』**。」這是喜劇之王查爾斯．卓別林（Charles Chaplin）的名言。

當然，「勇氣」和「想像力」你不用放在心上沒關係。說實話，我當然希望各位有樂觀的勇氣，用豐富的想像力去思考美好的將來。但各位就是做不到這一點才會煩惱對吧？所以，我也不打算強迫你們接受。我只求你們記住最後一點，人生只需要少許的金錢就好，也就是某種程度的儲蓄；就算你再不安、對未來再悲觀，總可以從現在開始存錢吧？

一點一滴慢慢儲蓄，就足夠了

我之前也建議過各位，用錢要量入為出，而且要按照計畫有效率地用。做到這一點應該不困難吧？沒有勇氣沒關係，沒有樂觀的想像力也無所謂。先存一些錢，存個十萬元或二十萬元，一點一滴努力存下去。因為有了儲蓄，公司倒了你不會馬上喝西北風、家人出事你也有餘力幫助他們。**儲蓄可以將絕望化為希望，讓你產生一種天無絕人之路的心情**。

至於「少許的金錢」確切來說是多少，就因人而異了。對某些人可能是一百萬元，或是十萬元，甚至是一萬元。縱使你的儲蓄只有一萬元，有跟沒有還是差很多。懂得善用小錢，也能改變你面對人生的態度，金額多寡反倒不是重點。

在我還年輕的時候，很多同事下班都去吃喝玩樂，幾乎沒有多少儲蓄。光是賺得多是沒有用的，花錢不懂得節制，你連少許的金錢都存不下來。因此，你也不用擔心自己賺太少存不了錢。關鍵是量入為出，一點一滴慢慢存就好。如此一來，也不一定要賺很多錢才夠用。

然而，萬一辛苦存錢，日子還是過不下去該怎麼辦？若真到了那個地步，你也不用擔心自己會橫死街頭。日子過不下去了，也還有很多社會補助可以申請。拼命努力還是撐不下去，就尋求公家機關的協助吧！

有些人覺得申請補助是很丟臉的事，其實你沒必要感到丟臉。過去你繳納了不少稅金，絕對有資格接受補助。生活真的有困難了，請勇於借助別人的智慧和金錢，重新挽回自己的人生吧！

此外，還有一點很重要，不要跟別人比較薪水或儲蓄。等你們到了我這個年紀，就不太會在意薪水或儲蓄比別人少了。當然，也不是真的完全不在意，只是不太感興趣罷了。為此，建議各位年輕朋友也和我一樣，不要跟別人比較薪水或儲蓄多寡，最好是對這種話題完全不感興趣。因為比了你也不能怎麼樣。

有一陣子坊間盛傳，退休後至少要有兩千萬元才能活，這也不是放諸四海皆準。有人退休生活需要五千萬元，也有人只需要一千萬元。少許的金錢固然重要，但到底需要多少才夠用，是自己可以掌握的。

- 一點一滴慢慢儲蓄就好。
- 真的陷入困境就尋求政府支援，重新挽回自己的人生。
- 不要跟別人比較錢財多寡。

你知道大家都在觀察你的用錢方式嗎？

跟同事去喝酒，究竟是上司應該多付一點？還是應該公平分攤？這其實是一個蠻有學問的問題。

在一般人的觀念中，薪水較高的年長者應該付錢，不然就是主動約人的一方要付錢。不過，不是每一個人都信奉這樣的觀念。有不少人坐擁高薪，而且主動約別人去喝酒的人，就認為公平分攤是理所當然。

比方說，我三十多歲時就遇過一個上司。他很喜歡跟大家去喝酒，一下班就會邀部下去居酒屋吃吃喝喝。等到要結帳時，他卻若無其事地跟大家收錢。大家對此頗有微詞，但畢竟是上司主動邀約，大家才勉為其難答應的，照理說是上司要多付一點才對。可是，那位上司完全不在意，甚至還對年紀小他一輪的部下收錢。

當時，那位上司還是公司的高階主管。而大家最不能接受的是，他的薪水是眾人的好幾倍，竟然小氣到不肯多出一點。後來，我們就在下班前提早閃人，以免被他抓去喝酒。當然，有些上司的薪水沒比部下高多少，也不能都叫上司出錢。可是，身為大企業的高階主管還要求底下的人出錢，這實在不怎麼光彩。自己約別人去喝酒，薪水又比其他人高，就算不出全額，至少也該多出一點吧？

話雖如此，上位者也不是非請客不可，沒必要拘泥於這種觀念。如果大家只是剛好想到要一起去喝兩杯，那公平分攤也沒關係。否則，部下養成凡事仰賴上司出錢的惡習，動不動就邀你去喝酒，你也是在浪費自己的時間和金錢，這對你和部下都沒好處。也就是說，**請客是要久久請一次才有效果，所以應該看時間和場合，調整你該付的金額**。

跟上司一起去喝酒也一樣。上司邀請你一起去喝酒，我想大多數人也不好意思拒絕。問題是，萬一你的上司跟我年輕時碰到的上司一樣小氣，那你有再多錢都不夠用。因此，即便上司邀請你去喝酒，你也應該量力而為。真的沒錢去喝酒了，就找個好一點的理由，有禮貌地拒絕對方吧！

你也不用擔心拒絕以後，會影響到你在公司的地位或前途。事實上，我因為家庭問題拒絕上司的邀約，照樣在公司平步青雲，地位也沒比較差。

說到底，在職場上人家看的還是你的工作能力，而不是你願不願意去喝酒。確實，每次都跟上司一起去喝酒的人，是比較容易受寵，但也不是會喝酒就一帆風順，職場上沒有那麼好的事情。

工作上的花費，可視情況決定是否報公帳

說實話，太計較酒錢未必是一件好事。有些時候，請客出錢反而對自己有利。

比方說，我在第一章有提到，過去公司派我去重整底下的一家相關企業。為了跟那家企業的員工打好關係，我經常跟他們去喝酒，每次都是我請客。因為那家企業經營不善，我不能讓他們再多花錢了。

到後來，我把自己的儲蓄花光了。我跑去找上司商量解決之道，上司罵我為什麼不跟公司報帳。可是，當大家知道我是自掏腰包請客，反而很信賴我的為人，畢竟其他上司都是報公帳喝酒，只有我是自掏腰包。

可以報公帳的酒錢卻自掏腰包，這麼做不見得是對的。但我用自己的錢請客，獲得了底下人的信賴，使得工作處理起來也更加順遂。當然，我不是有意收買人心，純粹是年輕時的一股傻勁，帶來了意想不到的幸運。話說回來，我一開始就報公帳喝酒的話，部下也不會特別信賴我吧！

而說到報公帳，還有這麼一個故事。我以前服務的單位，偶爾會舉辦餐會慰勞社長和高階主管的秘書。既然是慰勞下屬，我原以為主管會自掏腰包請客，沒想到主管竟然報公帳，用公司的錢辦慰勞餐會。

那些秘書一看到報帳用的請款單，內心都非常失落。主管嘴上說要慰勞大家，其實所謂的慰勞也只是工作的一環。秘書們被潑了一盆冷水，對主管的忠誠也就蕩然無存。

我不是說你必須學我年輕的時候，請客請到散盡家財；我的重點是，在你付酒錢時不要只想到當下的得失，省那一點小錢，有時候，也要為了長遠的利益著想。

- 酒錢該不該公平分攤，要看時間和場合來決定。
- 跟上司喝酒要量力而為，
- 就算是可以報公帳的酒錢，有必要的話也該自己出。

總之，就是盡量多賺一點……

你賺來的錢，是否對社會有幫助？

大家都想盡量多賺一點，有些人甚至不計較方法。有這種決心和氣魄倒也不壞。工作不該挑三揀四，只挑自己喜歡的做；要有不計任何代價也要賺錢的氣魄，才稱得上是一個成功的社會人士和商業人士。

不過說到底，我不建議各位用「不擇手段」的方式賺錢。尤其，違反人道的方法更不該用。

明治時代的企業家澀澤榮一，號稱日本的資本主義之父，他的生平也被拍成NHK的時代劇。澀澤榮一留下了這麼一句名言：「合乎道德的手法，才是最經濟實惠的手法。」他的意思是，**合乎道德的手法才是活絡經濟最快的捷徑**。

澀澤榮一提倡「士魂商才」的觀念，意思是商人不該只有做生意的本領，還要有濟世救人的武士道精神（道德）。他還斷言，為求利益不擇手段的風氣，早晚會導致社會淪喪，經濟也無法長久活絡。

這種思考方式在現代不算稀奇，但在過去是很前衛的觀念。當時大部分的人都認為，商人賺錢是不擇手段的，商道根本不合乎道德。

事實上，三菱集團的創辦人岩崎彌太郎，當年在海運界呼風喚雨，靠的就是獨裁又霸道的手段。岩崎彌太郎鬥垮同行，用寡占的手法賺得萬貫家財。他只顧自己的利益，完全不顧道德倫理。可是，澀澤榮一看到岩崎彌太郎的成功，依然不改自身的觀念。岩崎彌太郎看上澀澤榮一的才幹，邀請澀澤榮一共圖霸業，澀澤榮一卻拒絕了提議，轉而跟夥伴創立海運公司，雙方也掀起了一場海運大戰。

最後，岩崎彌太郎病死，這場大戰也畫下了休止符。後來雙方的公司合併，也就是各位耳熟能詳的日本郵船了。

儘管這一場大戰難分軒輊，但最終雙方達成和解。光從這一點來看，顯然澀澤榮一那種崇尚道德的共榮手法，要比岩崎彌太郎自私自利的做法高明多了。

除了日本郵船以外，很多知名企業的創辦也和澀澤榮一脫不了關係，據說總數高達五百家以上。最具代表性的有瑞穗銀行、JR東日本、東京天然氣、王子製紙、帝國飯店、東急電鐵等。這些都是掌握日本經濟命脈的知名企業。可以說，沒有澀澤榮一的貢獻，就不會有那些企業誕生。換句話說，澀澤榮一的精神流傳到了現代的日本經濟社會。他堅信商業行為應該奠定在道德基礎上，而這種觀念依舊流傳於各行各業。

俗話說「商場上講究的是弱肉強食，但也有人用錢來造福世人。」而日本有一句古諺說得好「不義之財賺不久」。意思是用不道德手段賺來的錢，總有一天會煙消雲散，發揮不了太大的經濟價值。

請各位明白這個道理，遵循澀澤榮一的教悔。違反道德的工作方式有害無益，合乎道德的手法才是活絡經濟最快的捷徑。

從現在開始培養永續經營的社會價值，終生受用

近年來，大家都在探討「SDGs（永續發展目標）」這一字眼。這是國際社會的共同目標，用意是解決貧困、環境破壞、性別歧視等問題。但說穿了，永續發展其實就是國家社會的道德標竿，也是我們工作上應該遵守的規範。

永續發展目標包含諸多指標，老實說不太好理解。簡單來說，就是你的工作要對社會有貢獻，凡事不要只考量利益。這跟CSR（企業的社會責任）或企業的經營理念，多少也有一點關聯。比方說，我以前在東麗企業上班，他們的經營理念是「創造嶄新的價值貢獻社會」。換個說法就是，對社會沒益處的事情東麗不會參與。具體來說，像柏青哥機台那一類的賭博性電玩，東麗絕對不會製造。就算市場上有極大的商機和需求，賭博性電玩對公益沒有任何幫助。

未來企業的公益性會更受到重視，澀澤榮一提倡的「士魂商才」不只是場面話，有朝一日商業人士或許都會奉為圭臬。

當然，對那些日子安逸的有錢人來說，大概很難體會公益和道德的重要吧！尤其各位正值壯年，打拼都來不及了，叫你貢獻社會你應該也不會放在心上。不過，當一個社會只有少部分人獨享利益，完全不顧窮苦百姓的死活，這種社會是不可能安定的；不安定的社會難有經濟展望，你早晚也賺不到錢。

因此，請各位好好思考一下，你賺錢的方式是否對社會有益？切記，合乎道德的手法才是活絡經濟最快的捷徑。最快實踐這一觀念的人，在精神和物質上都會是富足的。

- 合乎道德的手法才是活絡經濟最快的捷徑。
- 反省一下，你的賺錢方式是否合乎道德？
- 不要只看業績和數據，也要顧及社會責任和經營理念。

第五章

面對不順遂的人際關係，覺得很煩惱？

討厭和別人碰面

你有沒有建立一套自己的標準？

交際應酬其實是一件很累人的事情。話雖如此，我們都知道保持良好的人際關係確實有很多好處，一來對你的工作有幫助，二來還能互相切磋砥礪，或者談心宣洩壓力。不過，過度的交際令人生厭，除非你們關係特別好，否則相處起來再開心，還是會覺得疲累。

真的感到厭倦了，暫時不要碰面也是個選擇。可是，拒絕別人的邀約實在過意不去，況且考量到未來的關係，還是應該硬著頭皮去赴會。相信你也有這些顧忌，對吧？

這種就是礙於人情壓力的交際，雖然流於表面，你也不感興趣，但還是不得不應付。各位懶得跟別人碰面，大概就是人情交際太頻繁的關係吧？此外，人情交際也不僅限於職場或私人交友圈，親戚和鄰居也講究人情交際。例如：另一半的家人、管委會、家長會、三姑六婆等，也都屬於人情交際的範疇。

面對這些人，你又不能說你累了，所以不想跟他們碰面。再怎麼不情願，你也無法輕易斷絕這一類人際關係。但憑良心講，這種表面上的人際關係能免則免，偏偏又不可能完全不往來。

那麼，究竟人情交際的用意到底是什麼？

人情交際確實有煩人的一面，卻也是社會上不可或缺的良俗和習慣。我們都應該遵守這種做人的道理，正因為有人情義理，人際關係才會圓滑，也才能安心生活。

此外，靠人情累積起來的人脈，有時會帶給我們意想不到的賺錢機會。在不幸遇到災害或犯罪事件時，鄰居的人脈也會提供不少幫助，對吧？換句話說，人情交際其實是互助互惠的關係。因此，你沒辦法輕易斷絕往來。再說了，東方人特別重視人情義理。在講究個人主義的現代社會，許多東方國家還是有一種重視人情更勝自我的社會風氣。

人情義理固然重要，但動輒扼殺自我，勉強與人交往，這也稱不上聰明的作法。因此，請在合理的範圍內交際就好，真的厭倦了，輕忽一下人情也未嘗不可。

然而，碰到這種孰重孰輕的抉擇問題，我們很難想出明確的答案。究竟該以什麼樣的基準來做取捨，實在是傷透腦筋的問題。我個人認為，這時候你要排除感情，靠理性來做決定。

用理性而非好惡，去評斷一個人

人類是感情的動物，難免會憑個人好惡做出感性的決定。問題是，當你感情用事，很容易陷入進退維谷的困境。相對地，用理性來做決定，則可以保持適當的距離來看待人事物。有了理性，做人才懂得瞻前顧後，判斷事情才會有合宜的標準。

感情當然也很重要，但在判斷事情的時候，最好還是用理性來做決策。另外，當人情和義理無法兩全時，建議你最好不要預設立場，做出太過武斷的抉擇。

雖然我們都知道，人心嚮往正確的答案，因此凡事都想分一個是非曲直。不過，這世上不是非黑即白那麼單純。**任何事都是一體兩面、互為表裡，好比表象和真相、人情和義理、場面話和真心話，都是如此**。為此，我們應該秉持這個前提，找到兩者的平衡點，做出因時制宜的判斷。

但說是這樣說，其實我自己就不是一個很重人情義理的人，畢竟上司邀請我去喝酒，我幾乎都推掉了。但這也不是我性格孤僻，純粹是家裡有事不得不推辭。然而即便我缺乏交際，在職場上倒也沒有太大的困擾。嚴格來講，我本來就不喜歡吃吃喝喝、拉黨結派。

話雖如此，工作上特別重要的人情交際，絕對不能輕忽。尤其牽涉到雙方的信賴關係，我一定會排除萬難參加。

無論工作或私交，少了交際沒關係，但信賴一定要顧好。這一點非常重要。對方若是你不願意失去的好友，則更應該積極「維護」雙方的關係，千萬不要失去人家的信賴。因為摯友是無可取代的瑰寶，更是我們人生中的一大慰藉。你可以找摯友商量一些無法跟家人商量的事情，或是在失落的時候互相勉勵。有沒有一個好的摯友，對你的人生會造成很大的差異。

跟真正的好朋友來往，你大概也不會厭倦吧？搞不好你還樂此不疲。在我看來，這種貴在真誠的交遊，才是最理想的人際關係。

- 人情交際固然重要，但也不必過度。
- 少了交際沒關係，但信賴關係一定要顧好。
- 重要的朋友，一定要好好維護彼此的關係。

你是不是有太多不必要的堅持？

面對衝突，不僅勞心傷神，而且還會產生很大的壓力。

如果生活中衝突不斷，你就要特別留意了。一旦壓力和疲勞超越臨界點，身心都有可能出毛病。這一點請務必留心。

雖然太常發生衝突不是一件好事，但發生衝突本身未必不好。會與人發生衝突，代表你有明確的主張，你對自己的人生負責，沒有隨波逐流。擁有自己的堅持，遠比當別人的應聲蟲要強多了。

我在前面有提到史蒂芬．柯維的「七大習慣」，以下是他在著作中提到的七大習慣，我認為，每一項都是引領我們邁向幸福的成功哲學：

一、替自己的人生負責，掌握人生主導權。
二、找到目標，先從想像自己的人生結局做起。
三、思考當下該以何者為重，優先處理最重要的事情。
四、想辦法達成自他共榮的雙贏關係。
五、互相理解，站在不同的觀點思考問題。
六、發揮相輔相成的作用，讓整體的效能更勝於個體的能力。
七、養成自我砥礪的良好習慣。

現在，我要告訴各位的，就是七大習慣中的第一項習慣：**你要替自己的人生負責，掌握人生的主導權**。

所謂的掌握主導權，意思是你要有所堅持，寧可發生衝突也不放棄堅持。史蒂芬・柯維是在告訴我們，有堅持的人才會大放異彩，發生一點小衝突不算什麼。

我在上一章提到的澀澤榮一，也講過類似的名言。他說，做人不能太過圓滑，遇到不合理的事不該退讓。別人的做法要是違反你的信念，就該據理力爭。基本上澀澤榮一是個溫和的人，習慣以溝通的方式解決問題。連這樣一個溫和的人，也說做人要有堅持，不能太過圓滑，可見「堅持」對一個人來說，是很重要的。

嚴格講起來，我也算是性格溫和的人。我在工作上沒跟人吵過架，也從沒有對別人破口大罵。可是，碰到不能退讓的爭議，我一定據理力爭，有時還會吵到臉紅脖子粗。即使我平常性格溫和，在關鍵時刻我不會放棄自己的堅持。

當然，態度過於尖銳的話，未來難免會有一些不好的影響，人際關係也會出問題。因此堅持己見，也要用從容幽默的方式論戰。

各位跟別人發生衝突時，也不要想得太嚴重，請保持從容幽默的態度。我知道這要求不太容易，就好像生氣還要面帶微笑一樣。但做到這一點，至少不會爆發嚴重的衝突，也就不會造成你的壓力了。

適時捨棄某些堅持，即能避免不必要的衝突發生

可話說回來，凡事都堅持己見也不好。所以，請在特別關鍵的問題上堅持己見就好。弄清楚什麼是你看重的堅持，微不足道的小事就別理會了。**了解事有輕重之別，就不會對一些小事感到火大不滿，自然也不會發生衝突**。換句話說，了解自己看重的堅持，可以減少不必要的衝突，進而改善你的人際關係。

與此相對，不了解自己看重的堅持，動不動就與人發生衝突，總有一天你會被大家冷落。就算你的能力再優秀、成果再斐然，大家也不會信任你。

信任是靠自己創造出來的價值，無法用數字來衡量。

倘若你在職場或家中過得稱心如意，犯點小錯大家也不追究的話，那代表你平日在同事或家人心中，有累積足夠的信任感。反之，平日任性妄為，做事總是背叛眾人的期待，大家當然不會信任你。不要以為其他人會一再容忍你的所作所為，他們只是表面上不介意，心裡早已對你的信賴大打折扣。若不及早醒悟，還一直做出

失去信賴的行為，早晚會保不住自己的工作和家庭。

因此，若不想失去工作和家庭，平常就要多留意自己的信任度。另外，千萬不要隨便與人發生衝突，否則你會失去旁人的信賴和好感。

再重申一次，請弄清楚自己真正看重的堅持，不必要的衝突能免則免。只要你有注意這一點，就算偶爾與人爭執，人家也只會當你是一個擇善固執的人，信賴度甚至會不減反增。

- 了解自己看重的堅持是什麼。
- 盡量避免不必要的爭執。
- 發生爭執時不忘保持幽默，更不該出現有失信賴的言行。

你知不知道，人是會改變的？

各位有沒有聽過一句話，叫「士別三日，刮目相看」？這句話的意思是，有些人會在短時間內產生意外的轉變。因此，不要以為你已經很了解你的舊識，而是每次見面都要再仔細觀察對方。

這句話本來是形容《三國演義》中的呂蒙。

我簡單說明一下這句話的典故。呂蒙是三國時代的吳國將領，為人驍勇善戰，可惜才疏學淺，常被人輕視嘲弄。有一次，吳王建議他勤勉向學，他不敢違背王命，所以拼命念書學習。時日一久，他培養出深厚的學養，簡直判若兩人。其他同僚對他的改變感到吃驚，他對那些人說道：「一個人三日不見，也許就會有驚人的成長。我們每次和別人碰面，都應該睜大眼睛，把對方當成一個完全不同的人。」

想必各位已經知道我想說什麼了。與你的好友或舊識碰面的時候，你要仔細觀察對方，切莫放過任何細微的變化，不要自以為你很了解對方的為人。

各位大概就是沒有注意到好友的變化，僅憑過去的印象和對方交流吧？因此，才會產生合不來或互有歧見的狀況。

比方說，那位好友以前性格含蓄，不太表達意見和主張，都是靜靜地聽別人講。不料，你們好一陣子沒碰面，他的性情有了極大的轉變，開始積極表達自己的意見。可能你不習慣他的改變，或者根本沒注意到他的改變，依然用以往的方式交流。如此一來，也難怪你們會發生衝突，沒辦法像以前那樣好好相處了。

切記，認識多年的朋友也是會變的。你們的關係再怎麼親密，你和對方相處也該保持禮貌和敬意。否則，你注定會失去重要的朋友。

不過，看到熟識的對象變得判若兩人，會驚訝也是正常的。你肯定會很好奇，那個人到底經歷了什麼樣的變化。老實說，我也有類似的經驗。

老朋友，不等於完全理解對方

我以前擔任課長時，公司雇用了一個男性職員；他的變化最令我驚訝。

本來他是一個沉默寡言的人，看上去不太可靠，我擔心他能否在這一行做下去。沒想到，後來他是所有同事中最快當上高階主管的。

另一位則是我小學時代的男同學。小時候他很內向，也不怎麼起眼，你幾乎不會注意到他的存在。他的體格普通，念書和運動也沒特別拿手，算是一個沒什麼特色的人。結果，他後來當上官僚，發揮優異的領導才能，政府甚至還頒發獎章認可他的貢獻。那位同學真的像呂蒙一樣，在我們沒見面的那段時間，經歷了驚人的蛻變。

事隔多年後，我們在同學會相見，他的口條俐落又流暢，老實說我看了好不習慣。另一位朋友跟我說他獲頒獎章時，又讓我大吃一驚。當時我也做不到刮目相看，現在回想起來真是過意不去。我並沒有做出失禮的舉動，但那一次的經驗讓我深刻體認到，什麼叫「士別三日，刮目相看」。

順帶一提，有些同學則跟他完全相反。

有的人過去品學兼優，在班上也相當受歡迎，但參加同學會只會不斷提起當年勇，還擺出一副瞧不起人的態度。過去明明那麼優秀可靠，現在卻變成這副德性，實在令人不勝唏噓。所以，我們都應該像前面提到的那位同學一樣，展現出進步的一面，讓眾人讚嘆才對。

那位獲頒獎章的同學，我跟他後來還有私交。我第一次出書，他也有來參加我的出版紀念派對。當年，他在航空雜誌上撰寫連載專欄，內容也是精采趣味。他的文采非常好，真不曉得是在哪裡學來的。文采如此優異，要當作家應該也沒問題。

一想到他現在跟小時候的落差，我真的覺得很不可思議。其實，這種長大後經歷蛻變的例子不在少數，所以，千萬不要認為你的朋友不會改變。**你可以感到驚**

訶，但你應該心懷敬意，佩服對方的變化才是。

有些人喜歡提起對方的過去，他們不願正視朋友現在的形象，只會從過去的經驗來判斷對方的為人。這種不懂得體恤朋友的發言，根本是在丟自己的臉。

總的來說，不管你的朋友變好還是變壞，都要謹記「士別三日、刮目相看」的道理。

- 不要只憑過去的印象看待好友。
- 不管對方有什麼改變，都要保持敬意。
- 不要動不動就提起過去，自以為了解對方的為人。

你有沒有展現過眞正的自己？

「迎合旁人、扭曲自我是沒意義的，放任自然才是王道。」我一直都是這樣告誡自己。在別人面前演戲，做一些自己不願意做的事情，根本一點意義也沒有，因為演戲根本隱瞞不了你真正的心思；你可能以為自己演得天衣無縫，但其實旁人早就察覺你只是假意迎合了。

這就好比別人在你面前演戲，你多少也看得出來吧？

例如：有人在你面前和顏悅色，表情和動作卻透漏出不耐煩的氣息，你一看就知道對方不是真的心悅誠服。同理可證，你嘴巴講得再動聽，別人也不會被你騙到，他們只是沒有明講，心裡早已經察覺到你不是真心誠意了。所以，不要再演戲了，也不要勉強自己迎合別人，盡量保持自然的態度就好。

此外，保持自然雖然重要，但也不是叫你毫無保留表現出來，而是要保持某種程度的內斂，在該察言觀色的時候罩子放亮一點，同時表現出自己比較真誠的一面。**關鍵在於表現自己的同時，也不要忘了分寸**。若口無遮攔、恣意妄為，被討厭也是理所當然的。

我知道，很多人不敢展現自己最真實的一面。好比那些企業家和政客，他們認為表現真實的自己是一大禁忌。甚至有不少人認為，扮演完美的形象是應該的。這也不能怪企業家和政客。畢竟隱瞞自己的真心話，裝出一副義正詞嚴的樣子，也算是他們工作的一部分。你叫他們真誠做自己，他們大概也有心無力吧！

不過，演得太過火、言行太做作，底下人看了也很累，根本無法取信於人。就算你想追隨他們，也沒辦法一直騙自己追隨下去吧！因此，像企業家和政客這一類身居高位的人，也該盡量展現真誠的一面，這樣政府和組織運作才會更順遂。

多與他人交流，也是重新認識自己的方式之一

事實上，也有不少人是靠真誠的態度，以及獨特的哲學壯大組織，好比松下電器的創辦人松下幸之助。他建議員工多念書，多培養深厚的學養。與此相對，本田汽車的創辦人本田宗一郎卻表示，與其浪費時間念書，不如多到第一線參與實作。

他們的意見南轅北轍，但兩者都是一流的企業家。雖然方法有別，可是他們同樣用最真誠的態度，奉行自己獨特的哲學。為此，員工對他們信賴有加，組織也就日益壯大。

另外，職棒教練野村克也，他也有一套自己的哲學。他說，長嶋茂雄和王貞治是向日葵，他則是日本海邊的月見草。假如他學那兩個知名教練的手法，只會被人說是東施效顰，更不可能帶領隊伍拿下冠軍。大家都說他的手法不夠開明靈活，但他還是謹守自己的方法，發揮自然的風格，所以才能晉升一流教練之列。

有些人一輩子隨波逐流，早就忘記自己的風格是什麼了。這時，你最好找個人

談一談。你不妨去找親朋好友，問看看在他們眼中，你是一個怎樣的人？還有你的特色是什麼？你私底下的為人如何？你一定會得到很多答案，大家會說出對你的看法。如果你認為對方說得不對，大可直接說出來，說出你對自己的看法。

這樣的對談可以引申出更多話題，不管對方的看法你認不認同，至少你能得到許多不一樣的意見，獨自苦思可沒有這麼好的效果。

而根據這些答案，你便可以推敲出自己是個怎樣的人。記住，不要以為埋頭苦思就能了解自己，溝通交流也是了解自己的重要手段。

- 不要演戲了，保持內斂含蓄的氣度，盡可能展現自己最真實的一面。
- 思考一下什麼是自然的態度，以及自己的哲學是什麼。
- 多跟其他人溝通交流，推敲自己是什麼樣的人。

你有沒有多看看別人好的一面？

有句話是這麼說的：「結婚前要睜大雙眼，結婚後要睜一隻眼閉一隻眼。」各位聽過這一句話嗎？我認為，這句話說得太有道理了。

選擇結婚對象的時候，要仔細觀察對方，千萬不要所託非人。不過，結婚以後一起生活，難免會發現對方的缺點。所以，別太計較另一半的小缺點，要多看看對方的優點。簡單說，就是盡量少看不好的一面。我認為，這個道理不只適用於婚姻關係，任何人際關係都是如此。

我們往往會忽略別人的優點，只看他們的缺點。因此，動不動就嫌棄對方哪裡不好。有時候你忍不住嫌棄幾句，其實也沒有惡意。不過，沒有人喜歡被指正缺失。被別人指正缺失，我們通常會覺得生氣或難過。試想，倘若有人指正你的缺失，你也會不愉快對吧？就算不是多嚴重的事情，被唸久了就會心生嫌隙，再也無法信任對方。相對地，如果對方願意寬以待人，你會比較有好感對吧？這種人容易贏得信賴，你也想跟他建立良好的關係吧？

在職場和家中要過得好，信賴關係比什麼都重要。試著養成睜一隻眼閉一隻眼的習慣，多看看對方的優點，是培養信賴關係的一大關鍵。

我現在也經常這樣告誡自己。幾年前，我跟女兒女婿一起生活，女婿的父母開始需要旁人照顧，因此我們三個家庭決定同居，彼此也好有個照應。說是同居，其實還是有各自的生活空間。偶爾聚在一起聊天，我會當個稱職的聽眾，讓親家暢所欲言。另外，為了加深彼此的信賴，生活中的事我也盡量以親家為重。

當然，我跟他們有合不來的地方，雙方的思考方式和價值觀也完全不同，有一些差異實在跟我相距甚遠。不過，他們基本上人品不錯，對我女兒也非常好。夫妻倆勤勉好學，學識十分淵博，經常令我自嘆不如。因此，我總是告誡自己，要多看看這些值得尊敬的優點。

事實上，當我們三個家庭決定同居後，有些朋友很擔心我的處境。好在三個家庭相安無事，感情也算不錯，或許是我們都有盡量看對方優點的關係吧！

凡事往好的一面看，就會發現人生幸福多了

聽我這樣講，有些人可能無法理解，為何家人相處還要顧慮一大堆？家庭關係放輕鬆處理不就得了？**不要忘了，家庭也是人際關係重要的一環**。輕忽家庭關係，搞到大家感情不睦，日子也不可能過得開心；日子過得不開心，又談何幸福呢？

心理學家阿德勒說過，所有的煩惱都跟人際關係有關，這話說得一點也沒錯。你的人生過得幸不幸福，幾乎取決於你的人際關係好壞。不要以為人際關係只是人生的一小部分，就不把人際關係當一回事。要知道，人際關係是決定人生幸福的重

大課題。不管你是在職場上面對同事，或是在家中面對另一半，都要努力營造良好的關係。

那麼，要營造良好的關係，是不是一定不能吵架？其實也未必如此。尤其家人或夫妻之間，平常一起生活難免會有摩擦，有時候還會吵到失去理智。發生爭執或冷戰也是常有的事。

有些家庭表面上沒吵架，內心卻壓抑了諸多不滿，彼此相應不理。在我看來，這比吵架還要糟糕。至於上下關係太過明確的家庭，老實說也是有問題的。

當然，互相忍耐是必須的，但在培養信賴關係的過程中，一定會有某種程度的爭執，還有言歸於好的過程。不過，這個道理只適用於家庭和朋友之間，職場上最好還是別起爭執。至少，我個人在工作上是絕對不吵架的。

家人對彼此有一定的了解，吵架了也有機會和好。除非情況太嚴重，否則多半不會走到老死不相往來的地步。問題是，職場上每個人都有自己的脾性，吵完架不見得有機會和好。如果對方吵完不會放在心上，那還沒什麼問題；萬一對方始終耿耿於懷，後續就會惹出一大堆麻煩。所以職場上不要正面衝突，最好審慎揣測對方的想法，再來擬定合適的應對策略。

當然，對方行為太誇張的話，那就另當別論了。好比該做的事情不做，連最基本的時間觀念或信用都沒有等等。

自古以來，每一個組織都有絕對不能打破的規則。如果對方連基本規則都不遵守，那你也不用找他吵架，直接跟上級報告，用理性的方法解決問題就好。

- 跟家人相處，也要多看看彼此的優點。
- 人際關係是人生中最重要的課題，務必好好培養人與人之間的信賴關係。
- 在職場上不要吵架，遇到太荒唐的同事直接報告主管就好。

太想贏過競爭對手

稍微退一步，或許就會發現競爭關係毫無意義？

想贏競爭對手不是一件壞事。有個切磋砥礪的對象，比獨自奮鬥更有成長空間。不過，競爭心太強對誰都沒有好處。成天用輸贏來衡量工作和生活中的大小事，讓自己的心情大受影響，真的是自討苦吃。

年輕人競爭心強倒還情有可原，年紀大了還改不了這毛病，就要回過頭來思考一下，到底你應該做些什麼？或是你想做些什麼？我認為，你要認真思考自己的目標和方向，而不是成天掛念競爭對手。

我明白，在工作上輸給競爭對手很不甘心。一想到對方比你更快功成名就，你的心態一定會受影響。可是，你千萬不要扯人家後腿，或是誹謗中傷對方。做這種事是百害而無一利，而是應該把時間花在更有意義的事情上。

也許各位還年輕，不太能體會什麼是人生苦短。把人生浪費在沒意義的事情上，真的非常可惜；與此相對，你要努力思考如何善用人生。

我在前面也提過很多次，時間管理講究的是輕重緩急。每一件事都要分輕重緩急，不重要的事別做，或是在短時間內完成；真正重要的事情，就花時間做到盡善盡美。**時間管理真正管的不是時間，而是處理事情的先後順序。人生也是一樣的道理**。

近年來很流行「斷捨離」這個字眼。顧名思義，就是斷絕、捨得、離棄的意思，你要斷絕不重要的事物，屏除一切多餘的東西。

人活到一個歲數，身上就會背負許多東西，承擔不必要的枷鎖負重前行。在這種狀態下，很難分清什麼才是重要的事物。分不出輕重緩急，就會搞錯優先順序，導致真正重要的事沒做好，反而浪費心力去做不重要的事。除了浪費心力去做不重要的事之外，也無法過上充實快樂的人生。

換句話說，想過上富足充實的人生，就要捨棄不必要的事物，整理好自己身上的包袱。這才是斷捨離的主要思考方式。

學習斷捨離，才能留下真正有意義的人事物

可惜對某些人來說，要做到斷捨離並不容易。

學識淵博、經驗豐富的人，也未必能做到這一點。好比我前面提到的親家，他們有很棒的學識和經歷，但就是做不到斷捨離。任何東西他們都捨不得丟掉，數量多到令人不敢置信。舉凡過去買的書籍和雜誌，還有人家送的禮品，以及用不到的餐具和兒童玩具等等，都是如此。就連過去的水電帳單也全部保存下來。

三家同居敲定以後，他們清掉了不少東西，但家中還是堆了很多的紙箱。這已

經跟邏輯或道理無關，純粹是他們生性如此。

當然，每個人都有不一樣的性情，但我個人認為，做人還是斷捨離比較好。其實這跟你從小到大的習慣有關，所以我希望各位從現在起，分清楚什麼才是真正重要的東西，至於不重要的東西就果斷捨棄吧！

那麼，具體來說，該如何養成斷捨離的習慣呢？你可以先從定期整理生活中的各種物品開始。

以我個人為例，我沒有太多衣物和飾品，也沒有蒐集身外之物的興趣，因此也沒什麼東西好丟。唯獨書本的數量一直壓不下來，有些書我還不小心重複購買。但書我實在捨不得丟，我年輕時就累積了一大堆書。不過，這十多年來我規定自己最多只能保有一千本書。一旦買了幾本新的書，就要丟掉同樣數量的舊書。

也幸虧我養成了斷捨離的習慣，我再也不用找書找到心煩意亂了。

另外，我只參加重要的酒會和同學會，參加完也絕對不續攤。這麼做既省時間又省金錢，真是一舉兩得的好方法。近來受到疫情影響，各種晚宴和酒會的頻率也降低了。除了這個原因以外，或許大家也開始反省，過去浪費太多時間和金錢吃喝玩樂了吧！

對了，看報紙能學習判斷輕重緩急。不感興趣的新聞看一下標題就好，對自己很重要的新聞再仔細閱讀。這種方法比較像是瀏覽，而不是單純的閱讀。

平日多做取捨，你就會養成斷捨離的習慣，只留下真正重要的事物。總有一天，你會放下毫無意義的競爭心，不再受焦慮或自卑感所苦。

- 不要把心思放在競爭對手身上。
- 善用斷捨離的思考方式，安排好時間管理。
- 盡可能省下不必要的事物，看有哪些酒會或壞習慣，是可以捨棄的。

第六章

對自身現狀和未來充滿疑問，怎麼辦？

看事情總是很悲觀

你是否抱有過多的期待？

當我們遇到麻煩的問題，或是前景不明的狀況時，難免會感到憂慮。不安和焦慮的心情，會令我們不由自主的悲觀起來。然而，凡事太悲觀，都往壞的方向去想，這是很沒有建設性的思考方式。

無論結果如何，船到橋頭自然直的樂觀心態，總比杞人憂天的悲觀思考方式強多了。這對我們心情有正面的影響，也比較沒有壓力。就算結果不盡人意，也可以用積極正面的心態，寄望下一次的挑戰。

那麼，該如何掌握樂觀的思考方式呢？

首先，不要有過度的期待。所謂的期待，就是你希望事情按照你的預期發展。

你把自己的希望當成寄託，等待著心想事成的好結果到來。然而，當你有過度的期待，期待落空時受到的打擊自然不小，焦慮和不滿也就會更為嚴重。因此，要放下過度的期待，抱持盡人事而聽天命的心態。這時候，才會看到更多的選項，好比借助其他人的力量，嘗試不一樣的方法等等。放下執著，你才懂得靈活應對。

有些讀者可能會問，不要有過度的期待，意思是不要懷抱希望？錯了，我不是叫你不要懷抱希望。不要有過度的期待，也不是叫你不要相信別人，更不是叫你凡事猜忌多疑。我的重點是，你要跟其他人事物保持一定的距離，從理性客觀的角度去分析。

因為一旦心中有太多的期待，就看不清周圍的狀況。這種人通常只想到自己，缺乏對旁人的顧慮和關懷，這並不是一件好事情。簡單說，過度的期待只是把自己逼進死巷，所以一旦期待落空，就會產生不知所措的悲觀氣息。

心理態度，會決定我們看世界的方式

撰寫《論幸福》（*Propos sur le Bonheur*）一書的法國哲學家阿蘭（Alain），說過一句至理名言：「悲觀出自情緒，樂觀出自意志。」這句話的意思是，悲觀主要來自於一些不安定的情緒，但樂觀來自於積極進取的意志。

用悲觀的心態看待事物，會產生妄自菲薄的想法，進而失去挑戰的衝勁。在你認定自己辦不到的那一刻，你就等於放棄了目標和可能性。相對地，用樂觀的心態看待事物，會產生一股堅定的自信，對自己的可能性深信不疑。有了信心就能找到目標，化為積極進取的意志。或許，你認為用樂觀的心態看事情，思慮不夠周延謹慎，但其實未必如此。

比方說，二次世界大戰期間英國首相溫斯頓・邱吉爾（Winston Churchill），他在德軍步步進逼的危急關頭，依舊沒有放棄希望。他持續激勵國民，撐過了德軍猛烈的攻勢。邱吉爾在自傳中說過這麼一段話：「我是全英國最樂觀進取的人。在對抗納粹的時候，整個國家都陷入了悲觀的情緒，只有我一個人保持樂觀。我不斷告訴他們，英國必勝，納粹必亡。**所謂的樂觀主義，其實就是在表明堅定的決心。**」

邱吉爾面對危機從不悲觀，他相信英國一定能度過危難。而他也抱持非贏不可的信念，主導國家大局。他冷靜地分析戰況，尋思各種克敵制勝的方案，最後終於戰勝德軍。

然而，我說做人要樂觀，不是叫你用毫無由來的自信，樂觀看待困境。毫無由來的自信只是一時的情緒，並不是邱吉爾說的表明決心。你要掌握當下的狀況，剖析自己遭遇的問題，以及問題發生的背景。做到這幾點，樂觀對你才有幫助。

此外，要保持樂觀的心態，還需要一個目標，但不要立下遙不可及的遠大目標，最好是那種努力就能辦到的目標。

我認為，人是為了追求幸福而生的。當然，每個人對幸福的定義都不一樣。有些人的幸福是成為有錢人，有些人的幸福是享受天倫之樂，也有人認為熱衷於興趣才叫幸福。所以，你要思考「自己的幸福」是什麼，然後決定一個具體的目標，來實現自己的幸福。

決定好目標後，再來則是要下必要的苦功，比如：學一些新知，向別人打聽竅門，或者練習改掉自己的壞毛病等等。過程中吃苦是免不了的，挫折也一定會找上你。不過，有了目標就能保持樂觀，不會受到悲觀的情緒影響。

- 不要過度期待，應該保持適當的距離，冷靜看待身旁的人事物。
- 保持樂觀的思考方式，掌握自己當下的狀況。
- 決定目標，追求屬於自己的幸福。

你有沒有用多元的思考方式，拓展自身的可能性？

你是不是感受不到自己成長？好像老大不小了，還是很不成熟一樣。你覺得自己很努力了，但總是沒有好的成果。

當你遇到瓶頸時，不妨去接觸一下陌生的新環境。好比去學一些新的東西，或是參加不同行業的人舉辦的座談會。置身於不同以往的新環境，你會認識從沒機會接觸的對象。他們的經歷、想法、價值觀都跟你不一樣，而了解各種不同的價值觀，可以讓你反省自己的思考方式和做事方法。

不改變自己接觸的環境和對象，你的看法和思考方式容易僵化。這就是你遭遇瓶頸，寸步難行的原因。換言之，想要突破瓶頸，你需要「多元性」。好比接觸全新的人事物，吸收各式各樣的價值觀和思考模式。

我在第二章有提過多元性。所謂的多元性，就是認同性別、人種、國籍、宗教、價值觀的差異，在社會或企業經營中善用每個人不同的特性。你也不用做多特別的事情，多接觸一些在不同領域活躍的人才，了解一下自己不懂的思考方式就可以了。

跟不同領域的人才交流，你可能會擔心彼此合不來。其實，交流是非常有趣又有意義的事情。可以啟發你的靈感，聊一些平常沒機會聊的話題，對你有利無害。

我在四十多歲的時候，有參加一個叫「浩志會」的異業交流協會。他們會定期舉辦內容豐富的研討會，民間企業和政府機構都有人才參加。

每一場研討會有不一樣的主題，大家會互相交換意見。每一位成員都能暢所欲言，分享自家公司的做法，從別人的想法中獲得啟發。研討會的氣氛一向熱絡，我們也不只是聚在一起交流，有時候也會安排工廠參觀或視察行程。

令我印象最深刻的活動，是自衛隊舉辦的體驗研習營。大伙參加自衛隊的集訓，實際體驗訓練的過程。好比練習匍匐前進、搭乘戰車，還有在野外煮飯洗澡等。對我們上班族來說，軍武是一個完全陌生的世界。有些人可能會覺得很辛苦、很可怕，但抱著一種接觸新天地的態度參與，這就是難能可貴的新奇體驗。

與其自己躲起來煩惱，不如找人聊聊

在我看來，認同多元的特性，不排斥彼此的差異，這種包容性對社會和組織都很重要。正確來說，社會和組織都不能缺乏這種包容性。

理由在於，不同的意見會衝擊彼此的認知，我們可以透過觀念上的衝擊，來反省自己的認知是否正確。認知錯誤的話，就該朝正確的方向改進。換句話說，**多元性有防止我們行差踏錯的效果**。

尤其，政府和企業這一類的組織，更容易產生思考方式僵化的毛病。例如，用單一的做法、單一的價值觀、單一的角度來營運組織。雖然不可否認，單純化有利於政策推動，行事也更為迅速果決，有速效的作用。可是，從長遠的角度來看，單純化對組織是否真的有利，這就有待商榷了。迅速決斷乍看之下是很有魄力的作風，也的確有驚奇的效果。但方向錯誤很難導回正軌，可能導致難以挽回的災害。

各位看二次世界大戰的歷史就知道了。當時日本竟然讓軍人治國，在滿州挑起戰端，顯然整個國家已經走錯路了。後來戰況逐漸惡化，甚至派青少年加入特攻隊赴死。按常理思考這是很詭異的狀況，整個國家根本瘋了。然而，當初每個人都支持戰爭，沒有人跳出來表示反對。到頭來，日本真的走到沒有其他選擇的地步。缺乏多元性，就是會招致這麼恐怖的下場。

其實這個問題也不光是組織才有，個人也會有缺乏多元性的問題。假設有人提出跟你截然不同的意見，你大概也會感到抗拒或不愉快吧？不管對方是你的另一半、父母、孩子，當他們提出你從沒想過的意見，你也無法欣然接受吧？

原則上，我們要花一點時間，才有辦法接納不一樣的意見。但因為要花時間思考太麻煩了，所以有些人乾脆不接納歧見；各位是不是也這麼想呢？人類本來就不太能接納歧見，但觀念上的衝擊，是個人和組織不可或缺的進步動力。若少了觀念上的衝擊，我們就無法改正自己的缺失，朝幸福的方向前進。

因此，請各位廣納多元性，不要害怕衝突和摩擦。經過多元性的洗禮，你就不會有不夠成熟的問題了。

- 多學習新事物，積極參加異業交流會。
- 對於一言堂要保持疑問。
- 碰到難以接納的意見，要多花時間好好想一想。

你有沒有把「溫柔」看得比「嚴厲」重要？

「人要堅強才有辦法活下去。但不懂得溫柔待人，就沒資格生存下去。」這是飛利浦．馬羅（Philip Marlowe）的名言。飛利浦．馬羅是美國小說家雷蒙．錢德勒（Raymond Chandler）筆下的虛構人物。從字面上來看，這句話是在告訴我們，**堅強固然重要，但溫柔是一種更強大、更重要的力量**。

事實上，還有其他人也說過類似的話，那就是孔子。孔子的言論被後世的人編纂為論語，他認為人應當遵守「仁（愛）義（正義）禮（禮儀）智（智慧）信（信賴）」等品格。其中最關鍵的是仁，也就是關愛和體貼他人的情操。

此外，號稱經營之神的彼得．杜拉克（Peter Drucker），也表示經營貴在真誠，缺乏真誠的人不足以擔當領袖。換句話說，彼得．杜拉克也是在告誡我們，要重視體貼和真誠的品格。

以上這三位，皆是用不一樣的方式，訴說溫柔、體貼、誠實的重要。看到這些論點，相信各位也能理解，溫柔比嚴厲重要，這個世界需要更多溫柔的人。

不過，我的看法比較不一樣。溫柔、體貼、誠實的確很重要，但沒有剛強的韌性，空有這些特質是不夠的。

新谷仁美小姐是我非常喜歡的馬拉松選手。去年，她刷新了女子一萬公尺長跑的紀錄。這位新谷小姐的性情有些特別，一向有話直說。她會在比賽之前，宣示要打破自己以往的紀錄。而且，她也真的說到做到。

有一次，新谷小姐在受訪時說道：「我都有遵照橫田（真人）教練的指示練習，他的指導很嚴厲，我們也發生過爭執。可是，他講的話確實有道理，也都能說服我。所以，後來我都按照他的方法做，也成功打破了紀錄。如果破不了紀錄，那一定是他的問題。他是有一些討厭的地方，但我真的很尊敬他。」

想必那位橫田教練真的很嚴厲吧！搞不好都是用激烈的言詞指正選手，而不是用稱讚或好言相勸的方式。然而，也多虧教練的嚴厲指導，新谷小姐才有辦法打破紀錄。雙方雖然偶有爭執，新谷小姐還是相信教練，最後成功達成目標。這代表在教練嚴厲的指導下，她有感受到隱含在剛強中的關愛。

當然，只有嚴厲是不行的。如果橫田教練整天辱罵，新谷小姐大概會幹勁全失，更談不上破紀錄了。由此可見，剛強和溫柔缺一不可。**但關愛和體貼也很重要**，這一點你更要謹記在心。

剛強，是一種專心致志的表現

此外，剛強也可以說是「專心致志」。那是一種嚴肅認真的態度，好比認真處理人際問題，或勇敢接受現實等。

我認為每個人都該有專心致志的態度。例如：在職場上，要關愛自己的公司和部下；秉持著熱情，面對工作和周圍的同事。用這樣的心態看待事物，你會有全然不同的體悟。真心誠意面對同事，盡最大的努力去了解對方，你就會了解如何與對方相處。只要保持專心致志，不怕找不到好方法。

我知道這樣講聽起來有點自大，但也可以說是「用心靈去了解對方」。

人心不能沒有關愛，認真關愛你周遭的人，自然會達到心靈上的理解和交流。至少我個人是這麼想的。發揮關愛之情，用你的心靈去理解對方，在溝通時當一個稱職的聽眾。如此一來，就算對方心緒紊亂，說話不得要領，你也能感受到談話的重點。也就是說，要了解一個人，你必須靜下心來，好好聽他到底想說些什麼。

但也請不要誤會，我所謂的專心致志、關愛他人，不是叫你單方面付出。基本上，這終究是一種利他利己、互惠共榮的思考方式。

用這樣的心態面對他人，溝通起來自然無往不利。有順暢的溝通管道，你的工作和私生活也會更有效率。這對你和別人都有好處，幸福也將唾手可得。

現在居家辦公有增加的趨勢，這其實正是認真關愛部下的絕佳機會。比起到公司上班，居家辦公可以照料更多層面，好比工作上的安排或進展，或者執行上的困難等等。平常上班忙碌，我們往往疏於追蹤進度，居家辦公能夠改善這個缺失。

有些人可能認為，居家辦公看不到部下，必須更加嚴格管理才行。但缺乏關愛的管理方式，只會扼殺部下做事的衝勁。

總之，不管到公司上班還是居家辦公，都要真心誠意了解別人，溝通才會圓滿。

- 剛強和溫柔缺一不可。
- 不管在職場或家中，都要真心誠意對待他人。
- 即便居家辦公，也可活用剛柔並濟的管理方式。

你有沒有做好準備，以便隨時迎接機會到來？

運氣好壞是人力難以掌握的要素。因此，實際上沒有百分之百管用的改運方法。不過，以我個人的經驗來看，有一點我敢跟各位保證：**幸運不會找上沒做好準備的人**；因此，你要做好隨時行動的準備，才有辦法留住幸運女神。

前面我也一再重申，找到目標是非常重要的事。要想清楚自己的幸福是什麼？然後仔細思考該怎麼做，才能得到幸福。要得到幸福你必須付出哪些努力？

在職場上或私底下，你都要有自己的目標。知道自己該做些什麼，待機運來的時候你才有辦法掌握住。

先決定好目標，認清自己該做的事情，你就不會錯失難得的機會。你會比其他人更快抓住機會。反之，沒有決定目標，也不知道自己該做什麼，這種人碰到機會也掌握不住。明明眼前發生千載難逢的機會，他們卻完全不懂得珍惜。待事過境遷後，他們才後悔當初沒有把握機會，然後感嘆自己時運不濟。**其實所謂的時運不濟，就是你沒做好準備去把握機會**。

因此，想要成為一個幸運的人，你要做好十足的準備，準備機會降臨的那一刻到來。俗話說「運氣也是實力的一部分」指的就是這麼一回事。

做好準備，當機會來臨時才能無縫接軌

當然，做好準備也不一定有機會降臨。除了耐心等待以外，你也無可奈何。然而，真的做好準備的人，機會往往會主動找上門，而且會在非常巧妙的時刻，讓你

碰上千載難逢的良機。

來談一下我認識的某位女性職員，她是東麗企業第一位海外派駐人員。

我當上營業課長的時候，她主動請調派往海外。現在女性派駐海外不是多稀奇的事情，但在當時並沒有先例。她一再提出調派申請，可惜過去的上司都不同意。她的能力和熱情令我敬佩，於是我同意她調往香港。香港離日本相對較近，公司和家人照理說也不太需要擔心。

不料，大伙對我的決定非常不諒解。他們的說法是，讓一個女孩子獨自前往海外，萬一出事責任誰來扛？我可以理解公司的擔憂，但女性未來一定也會到海外工作。事實上，其他公司的女職員早就在海外大展拳腳了。我用這一點說服相關人士，那位女部屬總算如願以償。

人事異動敲定後，她跑來跟我道謝，還說了下面這一段話：「我一直想去海外工作，也做了很多努力和準備。可是，過去那些上司根本不讓我去海外。佐佐木先生您上位後，我認為這是不可多得的機會，就鼓起勇氣找您商量。」換句話說，她做了充足的準備，終於等到我這位「幸運女神」的使者，而她也確實把握了機會。

與此相對，有的人做足準備，但真的碰到機會到來，反而不敢放手一搏。這種人一到關鍵時刻就會打退堂鼓，對自己沒有信心。

我建議各位，碰到大好機會千萬不要退縮。你要對自己有信心，勇敢去抓住機會。只要你有做好準備，就算結果不盡人意，你也有本事東山再起。

實話告訴各位，我以前也有類似的經驗。那是我三十多歲的事了，本來我在大阪的總部任職，上面的人要調我去東京總部。當年我有改革公司的抱負，因此我努力磨練自己，不斷在業績上尋求突破。畢竟要達成我的理想，一定要先出人頭地才行。曾經跟我一起工作的高階主管，後來當上東麗的社長，叫我去東京共同打拼。他要大幅更動管理階層，來達到改革公司的目標。

問題是，那時我太太住院治療肝病三年了，所以一開始我回絕了。但他跟我說，先去問太太的主治醫師，再來做決定不遲。我跟太太的主治醫師商量，醫師說我們舉家搬往東京也沒關係。於是，我果斷接受新社長的邀約，在他手底下盡展所學。最後終於出人頭地，當上了公司的董事，也離自己的目標更近一步。

我沒有臨陣退縮，也沒貪戀自己熟悉的舒適圈。多虧我鼓起勇氣放手一搏，才掌握了那個千載難逢的機會。

遺憾的是，我還沒達成目標就被下放了，但我也利用下放的那段時間，把自己多年來的心得撰寫成冊。我寫下那些心得不是要當作家，只是從結果來看，我事先替自己的寫作之路打好了基礎。

所謂的「運氣」是要等你做好準備才會降臨，而我的人生已經證明了這一點。

- 你做了哪些準備？不妨寫下來自己看一遍。
- 機會來臨時，放膽去追求就對了。
- 平時勤作紀錄，這也是在替自己的前途做好準備。

對任何事都感到消極悲觀

你有沒有點亮一盞心中的「希望之燈」？

日子不好過，對吧？生活中有碰到麻煩事嗎？你是不是每天都很疲倦，一大早連起床的心力都沒有？如果是的話，我建議你立刻找個人訴苦。

不好意思直接訴苦，你可以換個說法，說你想找個人聊一聊。打電話給你信得過的人，請他聽你說說話也好。看要找你的親朋好友，還是職場的上司都沒關係。找個願意聽你說話的人訴苦，你的心情會輕鬆很多，至少比你悶在心裡要好。雖然，找人訴苦不見得能解決問題，對方也無法完全理解你的煩惱，但宣洩一下壓力，有活化心靈的作用。有了那麼一點精神，才能冷靜思考自己目前的狀況有多糟。換言之，清楚掌握現狀，就有機會找到解決的方法。

你可能覺得示弱很丟臉，不好意思讓人家知道你很煩惱吧？別想太多，這沒什麼好丟臉的。看看這個社會，到處都有心理諮商的機構，對吧？好比心輔中心、身心醫療診所等。很多公家機關和非營利團體，都有處理類似的問題。這代表世上有很多苦惱的人，不是只有你一個人特別軟弱。所以，你根本不用怕丟臉。

我以前在東麗任職時，公司每周會召開兩次「心理諮商室」，有心理問題的員工可以去尋求專家的協助；員工就算去尋求協助，公司也不會知道，大家都能安心接受諮詢。由此可見，每個人都有說不出口的心病，連一流企業都必須設置這種窗口。

多讀書，或許能讓你找到人生方向

過去我工作和家庭兩頭燒，還要照顧生病的家人，真的差點撐不下去。那時候我的妻子有重度憂鬱症，每天會打好幾通電話到公司找我，也不管我忙不忙碌。一回到家，有自閉症的大兒子又不讓我休息。同時，又很不巧的，公司又對我下達人事異動，我還要處理搬家的事情。

公司有重要的事情等著我去辦，偏偏我還有一大堆問題要善後。有好幾次，我真的差點受不了，好想拋下這一切。

像這種時候，我會先喝一杯再回家。好比在自家附近買幾罐啤酒，慰勞自己一天的辛勞，鼓勵自己保持樂觀的心態。喝完了再悠閒踏上回家的路。晚上睡覺前我也會小酌一番，等醉得差不多了倒頭就睡。簡單說就是借助一點酒力，用比較正面的方式紓壓。

不過，你不該借酒澆愁喝到爛醉。適量飲酒才有消除疲勞、撫慰身心的作用。唯有保持適量飲酒的大原則，酒精才會是帶給你元氣的好夥伴。此外，我蠻喜歡活動身體的，壓力大時我經常去戶外健行。另外我還喜歡看電影，一有時間我就會欣賞事先錄下的電影。

也就是說，**要養成一些興趣，讓自己有個逃離苦難的避風港**。興趣越多越好，不要只有一個興趣。因為萬一其中一個興趣不奏效，你還有其他避風港可以選擇。

那麼，如果享受興趣也沒用該如何是好呢？

我個人是借助書本的力量。在我最困頓的時候，知名精神科醫生維克多・法蘭克（Viktor E. Frankl）所撰寫的《意義的呼喚》（*Was nicht in meinen Büchern steht. Lebenserinnerungen*）是我最大的慰藉。

身為猶太人的法蘭克曾被納粹關入集中營。看著族人一一慘死，他依然懷抱希望，堅信自己絕對會得救。在超乎想像的絕境中，他也沒有放棄，最後終於活著走出集中營。法蘭克究竟是如何倖存的？他從未放棄活下去的希望，這就是他生存下來的理由。

這一本書讓我了解一個道理：人一旦放棄希望就真的沒救了。因此，每當我的心靈快被絕望籠罩的時候，我就會反覆閱讀那一本書，同時告訴自己，只要不放棄希望，總會開闢一條康莊大道的。所以，請各位學習法蘭克的精神，持續在心中點燃希望的明燈。

無論遇到何種困境，你都要借助外力，保持希望不滅。不要放棄希望，黑夜總有過去的一天。

- 痛苦的時候找個值得信賴的人，約出來聊一聊或打電話訴苦。
- 多培養一些可以發洩壓力的興趣。
- 閱讀能帶給你希望之光的書。

若工作是你人生的煩惱來源，要記得工作不是人生的全部

看完各種人生困境，各位覺得如何呢？

你有沒有參考我的建議，想出屬於自己的答案呢？這些問題你不該去問別人，而是要反求諸己，靠自己想出答案；也就是說，「內在提問」這種自問自答的方式是解決問題的基本之道。為此，各位應該用積極正面的心態，仔細思考每一個問題，而不是直接套用我的建議。而在思考的同時你要反照自己的心，弄清楚你到底是什麼樣的人？你崇尚怎樣的工作方式？以及，你到底想怎麼生活？

唯有認真反思每一個問題，你才會有截然不同的體悟。而有了全新的體悟，你的內在提問才算成功。因此，誠心建議各位有機會就要多多反思。

像我四十多歲的時候，會在歲末年更反問自己，新的一年我該用什麼樣的心態，去找到自己想做的事情？等我決定好目標，就把具體事項列在A4紙上，拿給部下或上司觀看，跟他們一起分享我的抱負。這麼做會產生責任感，有責任感才會認真完成抱負。

認真去做一定會有收穫，這也是在鍛鍊自己。一年過後，再回過頭來檢討，反省需要改進的缺點，強化原有的優點，如此一來就能追求更遠大的目標。

然而，本書的內在提問，你不跟其他人共享也沒關係。只不過，定期寫下自我反省，努力執行改進的方案，這種自問自答對你才有實質的幫助，而不會只淪為做做樣子而已。當然，有些問題光靠你自己想不出答案。遇到類似的問題，建議你去找其他人商量，不要自己一個鑽牛角尖。雖然內在提問固然重要，但閉門造車也有極限。去找你的親朋好友，或是職場的上司同事；總之找一個你信得過的對象，請他跟你一起尋思解決之道。

當然，你也不一定要去問別人，從書中尋求啟發也未嘗不可。但不要只看實用書，而是多看一些文學、哲學、歷史書。那種稍微有點難度，特別值得你一讀再讀的書籍，很多時候也會成為你的良師益友。

工作的意義，在於更加認識自己

我猜想，各位可能正值打拼的年紀。你的煩惱和痛苦，大部分應該跟工作有關。在職場上必須拿出成果，回到家又得操煩家計問題；看到難以掌握的業績波動，心情很容易就受到影響。

不過，工作的本質不在於追求數字和成果。數字和成果是很重要，但那不過是過眼雲煙罷了。如果你太執著數字和成果，到頭來苦的也是你自己而已。

那麼，工作的本質究竟是什麼？那就是鍛鍊自己、貢獻社會。**藉由勞動提升自**

己的人品，這才是工作的真正意義。只要你照著這個方向走，自然會有不錯的數字和成果。

你可能覺得我在唱高調，但我還是要請你認真看待這件事，停下來好好想一想。如此一來，你的工作方式會往好的方向改變。有了良性的轉變，你才能獲得前所未有的成就。秉持堅定的信念面對工作，你的心情就不會被數字或結果影響，這才是真正腳踏實地的工作方式。

說實話，工作已經不是這個時代唯一的生存意義了。

時代不一樣了，現在長時間勞動也未必能帶動公司成長。工作再怎麼重要，我也不希望你疏於照顧家庭和私生活。

工作總是有處理不完的麻煩，雖然工作會帶給我們充實和成就感，但隨之而來的痛苦是你躲不掉的。就連我這種喜歡工作的人，也經常覺得工作很痛苦。然而，支撐我一路走下去的，正是我的家人。多虧有家人的陪伴，我才有奮鬥和磨練自己的理由。有了必須守護的對象你才會堅強，不會被煩心的事情打垮。家人和美好的私生活，其實正是帶給你幸福和成長的寶貴動力。

因此，請各位好好重視你的家人和私生活，不要把重心都放在工作上。我知道你可能很忙碌，幾乎沒有閒暇的時間。可是，只要你有重視家人，他們一定感受得到，家人之間的牽絆是無可動搖的。

總的來說，要兼顧工作和私生活，人生才會幸福。共勉之。

佐佐木常夫

self-help
S
09

內在提問

瓶頸不斷，只想躺平？那就和自己聊聊吧！送給正在為人生煩惱的你的自我對話解憂書

人生に悩む君に贈る 1行の問いかけ

作　　者｜佐佐木常夫（佐々木常夫）
譯　　者｜葉廷昭
封面設計｜木木 Lin
內文排版｜葉若蒂
責任編輯｜黃文慧
特約編輯｜周書宇

出　　版｜境好出版事業有限公司
總 編 輯｜黃文慧
副總編輯｜鍾宜君
行銷企畫｜胡雯琳
會計行政｜簡佩鈺
地　　址｜104 台北市中山區復興北路 38 號 7F 之 2
網　　址｜https://www.facebook.com/JinghaoBOOK
電子信箱｜JingHao@jinghaobook.com.tw
電　　話｜（02）2516-6892
傳　　真｜（02）2516-6891

發　　行｜采實文化事業股份有限公司
地　　址｜104 台北市中山區南京東路二段 95 號 9 樓
電　　話｜（02）2511-9798
傳　　真｜（02）2571-3298

法律顧問｜第一國際法律事務所 余淑杏律師

定　　價｜380 元
初版一刷｜2022 年 07 月

國家圖書館出版品預行編目（CIP）資料

內在提問：瓶頸不斷，只想躺平？那就和自己聊聊吧！送給正在為人生煩惱的你的自我對話解憂書 / 佐佐木常夫著；葉廷昭譯．-- 初版．-- 臺北市：境好出版事業有限公司，2022.07
面；　公分　譯自：人生に悩む君に贈る 1行の問いかけ
ISBN 978-626-7087-38-1（平裝）　1.CST: 自我實現　2.CST: 生活指導
177.2　　111008593